Michael Volkwein

Lahntalprojekt 2000

Planung einer Untersuchung zum Rad- und
Boottourismus im Lahntal

Diplomica® Verlag GmbH

Volkwein, Michael: Lahntalprojekt 2000. Planung einer Untersuchung zum Rad- und Boottourismus im Lahntal, Hamburg, Diplomica Verlag GmbH 2008

ISBN: 978-3-8366-6619-0
Druck Diplomica® Verlag GmbH, Hamburg, 2008

Bibliografische Information der Deutschen Bibliothek
Die Deutsche Bibliothek verzeichnet diese Publikation in der Deutschen
Nationalbibliografie;
detaillierte bibliografische Daten sind im Internet über
<http://dnb.ddb.de> abrufbar.

© Diplomica Verlag GmbH
http://www.diplomica.de, Hamburg 2008
Printed in Germany

Inhaltsverzeichnis

Vorwort

Bereits im Jahre 1998 dachten die Tourismusverantwortlichen der Lahntal-Kooperation, des Zusammenschlusses der zwölf größten Städte und der Tourismusverbände im Lahntal, über eine Untersuchung quantitativer und qualitativer Aspekte des Tourismus in ihrer Destination nach. Geleitet von der Erkenntnis, daß der Erfolg zukünftiger Maßnahmen in hohem Maße von der Akzeptanz dieser Aktivitäten bei anderen, bereits etablierten Nutzergruppen abhängig ist, und ausgelöst durch einen breiten Mangel an zuverlässigen statistischen Basisdaten, mit Hilfe derer Infrastrukturausbau und Marketing besser abgestimmt und effizienter umgesetzt werden könnten, wurde nach Wegen gesucht, eine solche umfassende Untersuchung angesichts knapper Ressourcen zu realisieren.

Der Verfasser, während der Studienzeit zuerst als Praktikant, später als Werkstudent für die Zentrale der Lahntal-Kooperation, den Tourismusverband Freizeitregion Lahn-Dill in Wetzlar, tätig, wurde zuerst damit beauftragt, im Rahmen der anstehenden Diplomarbeit eine solche umfassende Untersuchung durchzuführen. Im Laufe der Vorüberlegungen kamen die Beteiligten zu dem Schluß, daß eine empirische Datenerhebung wie beabsichtigt nicht auf diesem Wege durchgeführt werden kann, da sie zu komplex wäre und Ergebnisse eventuell dem Anspruch der Wissenschaftlichkeit nicht standhalten könnten. Daher beschäftigt sich die vorliegende Arbeit mit der Vorbereitung der geplanten Untersuchung, die den Namen „Lahntalprojekt 2000" tragen soll.

Den zahlreichen Personen aus unterschiedlichsten Bereichen, die meine Arbeit unterstützten, möchte ich an dieser Stelle in aller Kürze danken. Mein besonderer Dank gilt Herrn Prof. Dr. Seifert als Betreuer und Herrn Achim Girsig, Geschäftsführer der Freizeitregion Lahn-Dill.

1 Einleitung

Der Tourismus im Lahntal hat in den vergangenen Jahren einen stetigen Bedeutungszuwachs erfahren. Ausgelöst durch eine steigende Nachfrage infolge des sich verändernden Freizeit- und Urlaubsverhaltens der Mitteleuropäer und ein wachsendes Angebot an touristischer Infrastruktur werden hier seit einigen Jahren *überdurchschnittlich* steigende Gästezahlen gemessen.

Das dies nicht im Sinne einer nachhaltigen Entwicklung sein kann, erscheint noch offensichtlich und wurde auch von den Tourismusverantwortlichen erkannt. Welche Möglichkeiten der Weiterentwicklung des Lahntal-Tourismus nun aber tatsächlich zukunftsfähig sind und dem Leitbild[1] der Tourismusverantwortlichen entsprechen, muß dagegen noch geklärt werden.

1.1 Problemstellung und Zielsetzung

Im folgenden soll die wissenschaftliche Forschungsfrage dieser Diplomarbeit herausgestellt werden, wobei diese unterhalb der Problemstellung „Zukunft des Lahntal-Tourismus" angesiedelt ist, denn die vorliegende Arbeit liefert lediglich Lösungen für einen Teil des Gesamtrahmens. Vorab sind also einerseits der Gesamtrahmen und andererseits die Ziele der Diplomarbeit klar zu trennen.

1.1.1 Gründe für das Lahntalprojekt 2000

Parallel zur steigenden Bedeutung des Tourismus im Lahntal kam es zu zwei weiteren Entwicklungen: Mit der zunehmenden Nutzung der bestehenden touristischen Infrastruktur und durch die Entstehung neuer Nutzungsarten entstanden zunehmend Interessenkonflikte. Gleichzeitig kam es zu einer weiteren Professionalisierung der Tourismusstrukturen der Gebietskörperschaften, die ein konsequentes Marketing und den Ausbau der Infrastrukturen verfolgten.

Mit der Absicht, am mitteleuropäischen Markt effizienter agieren zu können, gründete sich 1994 die Lahntal-Kooperation, ein Zusammenschluß der fünf Touristikverbände und zwölf größeren Städte im Lahntal. Die zunehmenden Interessenkonflikte (siehe oben) und der Bedarf an genauen touristischen Daten für ein verbessertes Marketing (Research) ließ die Lahntal-

---

[1] Presseerklärung der Lahntal-Kooperation von 1998: Man möchte „zu einer dauerhaften Sicherstellung einer natur- und umweltverträglichen Tourismusentwicklung im Lahntal gelangen".

Kooperation[2] die Entscheidung fällen, eine Untersuchung des Lahntal-Tourismus in Auftrag zu geben, das „Lahntalprojekt 2000"[3].

Um die gewünschten Ziele erreichen zu können, erschien es notwendig, eine weitreichende Planung dieser Untersuchung sicherzustellen; daher wurde der Verfasser beauftragt, vor dem eigentlichen Beginn des Projektes ein umfassendes Konzept zu entwickeln, das eine detaillierte Planung des Projektes enthält.

Die Lahntal-Kooperation, im folgenden auch Auftraggeberin genannt, möchte die Möglichkeiten, die das an der Justus-Liebig-Universität in Gießen beheimatete Geographische Institut bietet, nutzen. Geplant ist die Durchführung des „Lahntalprojekts 2000" im Rahmen eines studienplanmäßigen Projekts für eine noch zu bestimmende Anzahl von Studenten, die die anfallenden Erhebungen durchführen können.

1.1.1.1 Ausgangssituation

Der Tourismus im Lahntal hat in den letzten Jahren einen rasanten Aufschwung genommen. Schon immer waren zwar zum Beispiel die Städte des Lahntals beliebte Ziele für Kultur- und Städtetouristen gewesen, erst in den neunziger Jahren begannen jedoch eine zunehmende Veränderung der touristischen Aktivitäten, ausgelöst durch mehrere Entwicklungen:

- die Veränderung des Urlaubsverhaltens der Mitteleuropäer vom einmaligen, mehrwöchigen Jahresurlaub hin zu einem kürzeren Haupturlaub und mehreren Kurzurlauben[4]
- ein gesteigertes Bedürfnis nach Aktivität und sportlichen Angeboten
- eine zunehmende Nachfrage nach Naher-

---

[2] Teilnehmer sind: Touristikverbände Siegerland-Wittgenstein, Marburg-Biedenkopf, Freizeitregion Lahn-Dill, Westerwald-Lahn-Taunus und Lahn-Taunus-Touristik sowie die Städte Bad Laasphe, Biedenkopf, Marburg, Gießen, Wetzlar, Braunfels, Weilburg, Limburg, Diez, Nassau, Bad Ems und Lahnstein

[3] Zur Namensgebung: Einerseits wurde der Name „Lahnprojekt" bereits für eine frühere Untersuchung, in diesem Falle des Regierungspräsidiums Gießen, verwendet; andererseits deutet gerade der Zusatz „tal" darauf hin, daß das Untersuchungsgebiet nicht nur den Fluß im engeren Sinne, sondern auch das Tal umfassen soll.

[4] Verkürzung der Durchschnittsreisedauer von 18,2 Tagen 1980 auf 14,8 Tage 1999. Quelle: Freizeit aktuell, Ausgabe 152, Seite 2

holung durch wachsende Freizeit

Das Lahntal bietet ideale Voraussetzungen sowohl für einen mehrtägigen Aufenthalt mit Aktiv- und Kulturelementen sowie die Befriedigung des Naherholungsbedürfnisses der ansässigen Bevölkerung in diesem relativ dicht besiedelten Raum. Gerade die Möglichkeit einer Verbindung von kulturhistorisch bedeutsamen Städten und anderer punktueller Sehenswürdigkeiten durch lineare touristische Infrastruktur wie zum Beispiel Wanderwege führt zu interessanten Entwicklungsperspektiven.

Vorreiter bei der touristischen Entwicklung im Lahntal waren private Anbieter, die vor allem im Bereich Rad- und Bootwandern in vergangenen Jahrzehnt stark wuchsen. Die Gebietskörperschaften wie Landkreise und Kommunen befaßten sich seit Mitte der neunziger Jahre intensiver mit dem Ausbau touristischer Angebote. Insbesondere ist hier die Lahntal-Kooperation zu erwähnen, die seit ihrer Gründung 1994 die touristischen Institutionen der Gebietskörperschaften vereinigt und ein konsequentes, nicht an Verwaltungsgrenzen orientiertes Marketing unter einer gemeinsamen Dachmarke verfolgt und den Aufbau touristischer Infrastrukturen koordiniert. Die größte Bedeutung haben hier vor allem die Lahn als Bootwanderfluß, der Lahnradweg sowie die Lahnhöhenwege als Fußwanderwege erlangt.

dasLahntal

*Markenzeichen der
Lahntal-Kooperation*

1.1.1.2 Ziel der Lahntal-Kooperation

Vorrangiges Ziel der Lahntal-Kooperation, der Auftraggeberin, muß es sein, Erkenntnisse über die derzeitige Nutzung des Lahntals zu erlangen. Dabei spielt nicht nur die touristische Nutzung eine Rolle; vielmehr müssen alle Nutzungen im Untersuchungsgebiet betrachtet werden. Sind diese Merkmale qualitativer und quantitativer Art einmal bekannt, und werden vor allem auch die Konfliktfelder näher beschrieben, können daraus Pläne für die Weiterentwicklung abgeleitet werden. Die gewonnenen Erkenntnisse können als Grundlage für die Entscheidung über einen weiteren Ausbau der touristischen Infrastruktur dienen, wobei in Verbindung damit die bestehenden Nutzungskonflikte gelöst werden sollen.

1.1.1.3 Gewinnung wissenschaftlich fundierter Daten

Zunehmend kommt es durch die steigenden Nutzerzahlen der touristischen Infrastruktur im Lahntal auch zu Konflikten mit bisherigen Nutzern und den Interessen des Naturschutzes. Teilweise stoßen die Positionen sehr gegensätzlich aufeinander, was immer wieder zu Diskussionen über die gänzliche Herausnahme bestimmter Bereiche aus der touristischen Nutzung führt. Die Interessenvertreter der verschiedenen Nutzergruppen vom Bootverleihunternehmen über den Anglerclub bis hin zu Vogelschutzvereinen verwenden zur Begründung ihrer Anliegen nicht immer sachliche Argumente, die stellenweise emotional geführte Auseinandersetzung wird durch unterschiedlichste, nicht sachliche Argumente unterstützt. Es mangelt im Diskussionsprozeß also an Daten über die tatsächliche Nutzung der touristischen Infrastruktur im Lahntal. Dies betrifft vor allem die am heftigsten umstrittene Nutzung durch Bootwanderer auf der Lahn. Von den einzelnen Interessenvertretern werden unterschiedlichste Nutzerzahlen verwendet, die aber mehr oder weniger nicht verläßlich sind und lediglich die eigene Position untermauern sollen. Eine nicht unwesentliche Rolle dabei spielt auch die Presse, sowohl die lokalen und regionalen Zeitungen wie auch die Zeitungen von überregionaler Bedeutung.

Die Lahntal-Kooperation als Vereinigung der Tourismusorganisationen im Lahntal, die sich auch als Moderator zwischen den Einzelinteressen sieht, möchte nun durch eine Untersuchung wissenschaftlich fundierte Planungsdaten gewinnen, die eben durch die Wissenschaftlichkeit von allen Beteiligten akzeptiert wird und eine allgemein anerkannte Basis für die weitere Diskussion liefert.

Die gewonnenen Daten sollen sodann allen Beteiligten zur Verfügung stehen und Argumentationsgrundlagen für weitere Maßnahmen aller Akteure im Lahntal schaffen.

1.1.1.4 Lösungsansätze für Nutzungskonflikte

Die Förderung einer nachhaltigen, natur- und umweltverträglichen Entwicklung des Tourismus im Lahntal sollte im Interesse aller Beteiligten liegen. Das Vorliegen genauer Zahlen über die touristische Nutzung kann dabei als Moderationshilfe für Entscheidungsträger und Politik im Vermittlungsprozeß dienen. Ferner können konkrete Lösungsansätze für Nutzungskonflikte gefunden werden, indem zum Beispiel stark frequentierte Flußabschnitte ermittelt, ihr ökologischer Zustand bewertet und daraufhin notwendige Lenkungsmaßnahmen ergriffen werden.

1.1.1.5 Weiterentwicklung des Tourismus (Infrastruktur und Marketing)

Mit den Untersuchungen sollen aber nicht nur Hilfen zur Entschärfung oder Lösung von Nutzungskonflikten gefunden werden. Wichtig für die weitere Entwicklung des Tourismus im Lahntal auch in Hinsicht auf die Konkurrenzsituation zu anderen Urlaubsregionen sind qualitative Informationen über die Nutzer. Durch die Ermittlung des ökonomischen Effekts können Infrastrukturmaßnahmen gerechtfertigt werden; Aussagen über die Zufriedenheit der Touristen können der Qualitätssicherung und Angebotskontrolle dienen.

1.1.1.6 Zusammenfassung

Folgende Aufstellung führt die Projektziele zusammenfassend auf und läßt sich zum Beispiel für die Öffentlichkeitsarbeit verwenden:

- Gewinnung präziser, verläßlicher, wissenschaftlich fundierter Planungsdaten

- Schaffung von Argumentationsgrundlagen für weitere Maßnahmen aller Akteure im Lahntal
- Förderung einer nachhaltigen Entwicklung des Tourismus im Lahntal durch Moderationshilfen für Entscheidungsträger und Politik
- Ermittlung des ökonomischen Effekts für die Region
- Vertiefung regionaler Kooperationen

1.1.2 Ziel der Diplomarbeit

Der Anspruch der Auftraggeberin, das Lahntalprojekt 2000 wie zuvor beschrieben durchzuführen, macht eine umfassende Planung notwendig, die praktischerweise im Rahmen dieser Diplomarbeit entworfen werden soll. Ergebnis der vorliegenden Arbeit soll eine detaillierte und jederzeit nachvollziehbare Handlungsempfehlung sein, die auf wissenschaftlich begründeten Erkenntnissen beruht.

Wie läßt sich nun vom Ziel der Auftraggeberin auf das Ziel der Diplomarbeit schließen?

1.1.2.1 Grundsätzliche Fragestellung

Wie in Abschnitt 1.1.1.2 beschrieben, sollen in einem ersten Schritt Erkenntnisse über die derzeitige Nutzung des Lahntals gewonnen werden, um die Weiterentwicklung gemäß des Leitbildes der Auftraggeberin zu gestalten zu können. Nun muß geklärt werden, *welche* Erkenntnisse dies sinnvollerweise sein können und *wie* sie zu gewinnen sind.

Ziel dieser Arbeit ist also die Herausarbeitung der Fragestellungen und die Planung der notwendigen Erhebungen. Dabei soll versucht werden, zunächst einen Gesamtkomplex von Fragestellungen zu entwerfen; im Rahmen der Diplomarbeit sind dann Teile davon weiter auszuarbeiten.

1.1.2.2 Weiterentwicklung des Lahntal-Tourismus

Auf die Weiterentwicklung des Tourismus im Lahntal möchte die Auftraggeberin Einfluß nehmen, um auch ihr grundsätzliches Ziel, Tourismusförderung als

Wirtschaftsförderung, zu erreichen. Tatsächlich muß die touristische Infrastruktur ausgebaut werden, um eine verbesserte Nutzung zu ermöglichen. Darauf aufbauend soll ein professionelles Marketing die gewünschten Zielgruppen ansprechen. Ferner sollen idealerweise einhergehend mit diesen Maßnahmen Konfliktlösungen gefunden werden.

Somit lassen sich die Weiterentwicklungsmöglichkeiten in drei Bereiche teilen: den *Ausbau der Infrastruktur,* die *Verbesserung des Marketings* und die *Lösung von Nutzungskonflikten.*

1.1.2.3 Ausbau der Infrastruktur

Mit ihrem Ausbau soll ein gleichmäßig hoher Qualitätsstandard der Infrastruktur erreicht werden. Der Ausbau kann erfolgen hinsichtlich folgender Themen:

- Wegebeschaffenheit und -anzahl, Verknüpfung mit dem öffentlichen Nahverkehr
- Wegweisende und touristische Beschilderung
- Qualität und Quantität von Hotelerie und Gastronomie sowie Einzelhandel

Vor dem Ausbau muß daher festgestellt werden, wie der derzeitige Zustand der touristischen Infrastruktur ist, und in welchem Umfang sie genutzt wird.

1.1.2.4 Verbesserung des Marketings

Auf die Methoden zur Vermarktung von touristischen Produkten soll hier nicht näher eingegangen werden. Bedeutend für das geplante Projekt erscheint jedoch die Erfolgskontrolle der bisher ergriffenen Maßnahmen des Innen- und vor allem des Außenmarketings, insbesondere der Kommunikationsstrategie.

1.1.2.5 Lösung von Nutzungskonflikten

Die angestrebte Konfliktlösung läßt sich als Minimierung der Interessen- und Nutzungskonflikte zwischen touristisch motivierten und anderen Interessen (Freizeit, Sport, Ökologie, Interessen der ortsansässigen Bevölkerung) beschreiben. Dabei ist es wahrscheinlich, daß ein vollständiger Interessenausgleich kaum möglich sein wird (Kompromißsuche).

Festzustellen ist also, welche Konflikte bestehen, wodurch diese ausgelöst werden und inwieweit ein Ausbau zur Verschärfung beziehungsweise zur Lösung führen kann.

1.1.2.6 Fragestellungen der Diplomarbeit

Welche Erkenntnisse können aber im Rahmen des geplanten Projektes gewonnen werden und zur Beantwortung der zuvor gestellten Fragen beitragen? Die folgende Liste enthält die zentralen Fragestellungen, die diese Arbeit behandeln soll:

- Art und Grad der Nutzung touristischer Infrastruktur sowie deren Bewertung durch die Nutzer
- Erfolg von Marketingmaßnahmen vor allem im Außenmarketing
- Ausmaß von Nutzungskonflikten und Erfolg von bereits erfolgten Maßnahmen zu deren Lösung oder Minderung

Die wissenschaftliche Forschungsfrage dieser Diplomarbeit besteht nun darin, herauszufinden, wie eine Untersuchung gestaltet sein muß, die die oben aufgeführten Punkte unter Berücksichtigung der gegebenen Rahmenbedingungen und der Anforderungen durch die Auftraggeberin beantworten kann.

1.1.2.7 Untersuchungsgegenstand

Gegenstand der Untersuchung sollen die *touristischen* Nutzer des Lahntals und ihre quantitativen und qualitativen Merkmale sein. Nicht untersucht werden können die anderen Nutzergruppen, da dadurch ein erheblicher Mehraufwand entstehen würde, der im Rahmen des Projektes nicht leistbar ist und nicht dem Auftrag der Auftraggeberin entspricht. Die Auftraggeberin möchte dazu jedoch zusätzliche Untersuchungen durchführen. Die mit den anderen Nutzergruppen verbundenen Fragestellungen werden in dieser Arbeit daher nicht betrachtet.

Unter den touristischen Nutzungen sind für die Fragenkomplexe vor allem Rad- und Bootwanderer von Bedeutung. Tourismusformen mit punktuellem Aktionsraum wie Städtetourismus sind für das Thema nur von nachrangigem Interesse; ebenso reine Nutzer von Straßenverkehrsinfrastruktur wie zum Beispiel Motorradtouristen. Wandertourismus findet in weit geringerem Maße statt, wobei die Hauptrouten kaum Gebiete mit anderen Nutzungen tangieren[5]. Die Auftraggeberin hat daher die zu untersuchenden Nutzergruppen auf Rad- und Boottouristen beschränkt; daher sollen nur Fragestellungen für diese Nutzergruppen Thema dieser Arbeit sein.

1.1.2.8 Untersuchungsgebiet

Das Untersuchungsgebiet läßt sich durch die Beschränkung der Untersuchungsgegenstände auf die lineare touristische Infrastruktur beschränken. Diese wiederum reduziert sich im Falle der Boottouristen auf den Fluß Lahn selbst, da nur hier im Gegensatz zu den Vorflutern eine nennenswerte Frequentierung besteht. Die Gruppe der Radtouristen nutzt vor allem die eindeutig festgelegte Route des Lahnradwegs; hier wie auch zuvor hat die Auftraggeberin festgelegt, die Untersuchung nur an diesen beiden linearen Elementen durchzuführen. Eine später noch zu berücksichtigende Konsequenz daraus ist die qualitative Trennung von einheimischen Nutzern und reinen Touristen.

Eine Einschränkung erfährt das Untersuchungsgebiet durch ein organisatorisches Problem: Die Finanzierung des Lahntalprojektes 2000 ist auf hessische Gebietsanteile beschränkt. Der Lahnradweg folgt der Lahn von der Quelle in Nordrhein-Westfalen durch Hessen hindurch bis zur Mündung in

[5] Von Bedeutung sind nach Expertenmeinung vor allem die „Lahnhöhenwege", die weitgehend auf den höher gelegenen Talhängen oder sogar an den Talrändern verlaufen und die stark frequentierten Auebereiche kaum berühren.

Rheinland-Pfalz; als Bootwanderweg interessant ist die Lahn frühestens in Hessen.

Davon ausgehend umfaßt das Untersuchungsgebiet die an der Lahn liegenden Kommunen in folgenden Gebietseinheiten:

- Verbandsgebiet des Fremdenverkehrsverbandes Marburg-Biedenkopf
- Verbandsgebiet des Tourismusverbandes Freizeitregion Lahn-Dill
- Verbandsgebiet des Tourismusverbandes Ferienland Westerwald-Lahn-Taunus

1.1.2.9 Zusammenfassung

Aus dem Gesamtprojekt „Weiterentwicklung des Lahntal-Tourismus" ergeben sich für das konkrete „Lahntal-Projekt 2000" aus dem zuvor angesprochenen eindeutig bestimmte Punkte (siehe nachfolgendes Diagramm). Vor allem durch die Festlegungen der Auftraggeberin fallen zahlreiche erwähnte Fragestellungen nicht in die Zuständigkeit dieser Arbeit. Die theoretisch möglichen Aspekte sollten jedoch von der Auftraggeberin nicht vergessen, sondern im Anschluß an das Projekt weiter verfolgt werden.

Im folgenden muß nun festgelegt werden, welche Fragen bezüglich Rad- und Boottourismus gestellt werden können und wie die damit verbundenen Erhebungen gestaltet sein müssen.

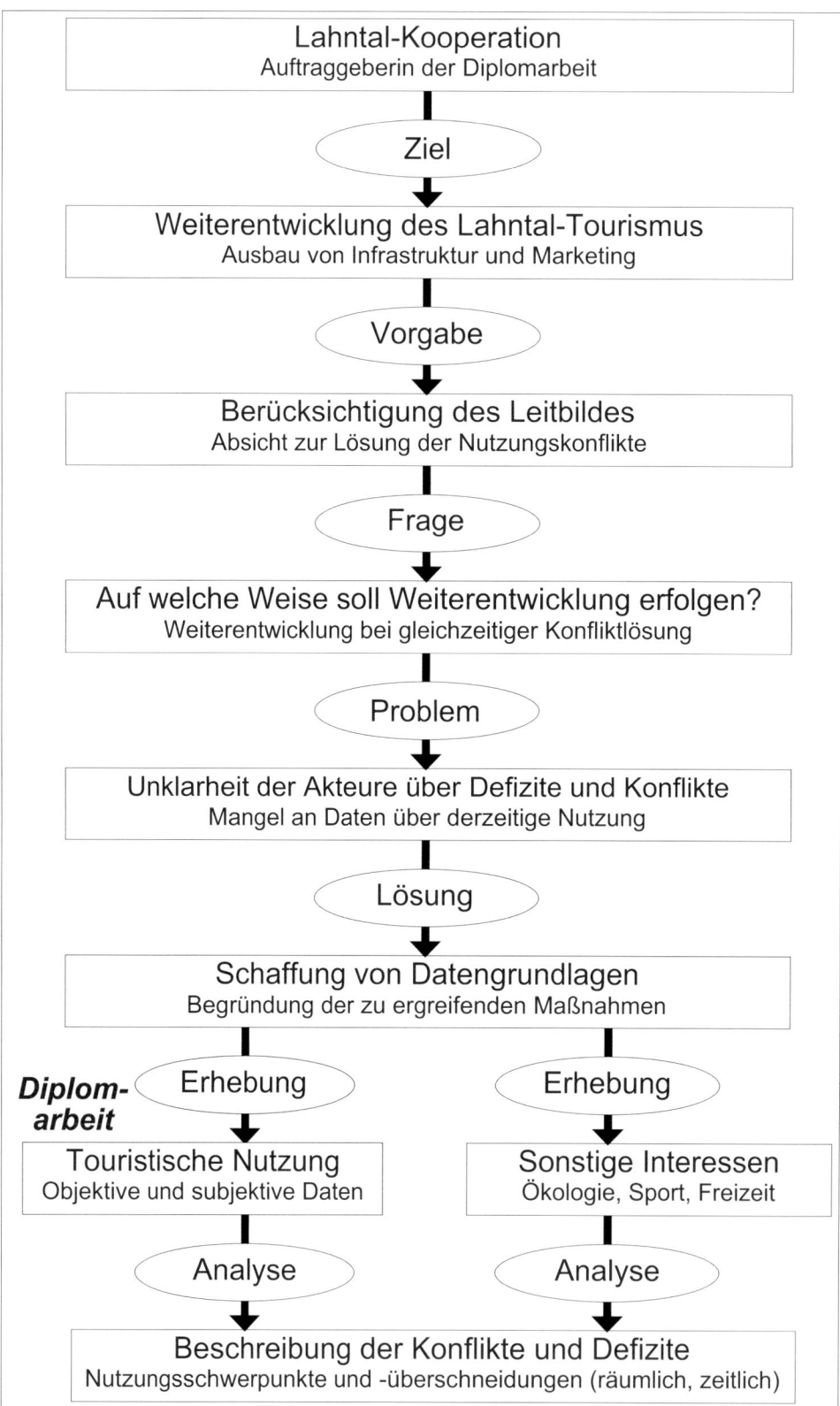

Einordnung der Diplomarbeit im Gesamtprojekt

1.2   Methodische Vorbemerkungen

1.2.1   Vorgehensweise

1.2.1.1 Untersuchungs-gegenstand und Untersuchungs-gebiet

Zu Beginn dieser Arbeit soll der Untersuchungs-gegenstand genau definiert werden, um bei der Konzeption des Projektes die spezifischen Eigenschaften von Rad- und Bootwanderern und des Raumes, in dem sie sich bewegen, also des Lahntals, berücksichtigen zu können.

Dazu gehören unter anderem neben Beschreibungen der touristischen Entwicklung des Lahntals auch seine geographische Lage und Ausstattung. Die Entwicklung von Outdoor-Freizeitaktivitäten wie zum Beispiel Rad- und Bootwandern wird dann näher untersucht, ferner werden auch allgemeine Trends im Deutschlandtourismus betrachtet.

1.2.1.2 Projektplanung

Zur konkreten Projektplanung gehören mehrere Schritte: Nach der Festlegung der zu gewinnenden Variablen durch sachliche Vorgaben und Bedürfnisse der Lahntal-Nutzer, ermittelt zum Beispiel durch Interviews, sowie der Ermittlung der dafür geeigneten Methoden müssen zunächst die Erhebungsorte und Erhebungszeitpunkte, der Personalbedarf und der Bedarf an sonstigen Ressourcen, also die Projektinfrastruktur, ermittelt werden. Dabei hat die Gewinnung von Ausgangsdaten eine große Bedeutung; durch Expertenbefragungen und Auswertung anderer Untersuchungen werden zu veranschlagende Größen gewonnen und Erfahrungswerte aus der Praxis berücksichtigt. Die Verwendung vorhandener Kartengrundlagen erleichtert die Dokumentation der Ergebnisse dieses Abschnittes.

Schließlich soll das Projektmarketing betrachtet werden. Ein ausführliches Projektmarketing, sowohl im Innen- wie auch im Außenverhältnis, wird vom Verfasser als dringend notwendig, aber oftmals vernach-lässigt angesehen. Hier spielt auch wieder die beab-sichtigte Akzeptanz der Projektergebnisse eine Rolle. Das Projektmarketing kann sich an allgemein aner-kannten Vorgehensweisen in Marketing und Öffent-lichkeitsarbeit orientieren.

1.2.1.3 Projekt-durchführung

Die Organisation eines Projektes bedarf im Vorfeld der Festlegung eines Projektmanagements; neben einer Ablaufplanung sollen Richtlinien zum Moni-toring gegeben werden. Herangezogen werden für diese Schritte vor allem Erkenntnisse der „Problem-orientierten Projektplanung" und anderer praxis-orientierter Empfehlungen.

1.2.2 Begriffsbestimmungen

1.2.2.1 Tourismus

Der Begriff Tourismus wird im allgemeinen als frei-willige Reisetätigkeit von Personen aufgefaßt. Eine etwas weiter gefaßte Definition ist die der Europäi-schen Union:

„Tourismus ist die Tätigkeit von Personen, die zu Or-ten außerhalb ihrer gewohnten Umgebung reisen und sich dort (...) zu Urlaubs-, geschäftlichen oder anderen Zwecken aufhalten."[6]

1.2.2.2 Radwandern[7]

Der Begriff Radwandern beschreibt bereits sehr gut, was er aussagen soll: Die Fortbewegung von Perso-nen mit Fahrrädern, wobei diese in der Regel durch Muskelkraft angetrieben werden. Bei der Fortbe-wegung steht das Erleben der zurückgelegten Strek-ke in Verbindung mit einer oder mehreren Übernach-tungen im Vordergrund. Es geht dem Reisenden nicht darum, möglichst schnell und effizient vom

---

[6] Europäische Kommission (DG XXIII, Eurostat) 1998, zitiert in: Waibel 2000

[7] Die Kombination des Gerätenamens mit dem Begriff „Wandern", wie auch beim Wort „Bootwan-dern", ist übrigens umstritten. Während Touristiker diese Wortschöpfung sehr gerne verwenden, ge-hen Linguisten von sprachlicher Unzulässigkeit aus. In dieser Arbeit jedoch werden die Begriffe un-geachtet dessen verwendet, da es sich um Fachtermina der Tourismusexperten handelt.

Lahnradweg[8]

Start- zum Zielpunkt zu gelangen, auch der sportlich Aspekt tritt hier im Vergleich zu Radtourenfahrern zurück.

Da der zu untersuchende Lahnradweg nicht durch unbesiedeltes Gebiet führt, sondern „vor Ort" für die einheimische Bevölkerung einen Teil des örtlichen Radwegenetzes darstellt und natürlich auch genutzt wird, werden bei der Untersuchung nicht nur Touristen, sondern auch Einheimische anzutreffen sein. Sofern zwischen diesen beiden Gruppen unterschieden wird, können dennoch sinnvolle Aussagen über den Ausbau des Weges getroffen werden; für Fragen der Kapazität oder der Qualität des Weges ist es nicht von Belang, wer ihn befährt. Schlußendlich können von einem Ausbau, der zum Beispiel mit der starken Nutzung begründete wird, auch die Einheimischen profitieren.

1.2.2.3 Bootwandern

Ähnlich dem Radwandern steht auch beim Bootwandern wieder das Erlebnis im Vordergrund. Noch mehr als der Radwanderer ist der Bootwanderer in seiner Wegewahl beschränkt, was für die Untersuchungen von Vorteil ist. In diesem Zusammenhang sollen motorisierte Boote von vorneherein ausgeschlossen werden, wofür zwei Gründe sprechen: Zum einen wird erfahrungsgemäß[9] vermutet, daß die Frequentierung der Lahn durch motorisierte Fahrzeuge im Untersuchungsgebiet sehr gering und daher vernachlässigbar ist. Andererseits handelt es sich bei den motorisierten Nutzern nicht um den „klassischen" Touristen im Sinne der Auftraggeberin.

Sportkanuten und einheimische Bootfahrer hingegen können objektiv nicht aus der Untersuchung ausgeklammert werden; hier gilt gleiches wie im vorherigen Abschnitt.

---

[8] bei Weinbach-Gräveneck, 16.09.2000
[9] nach eigener Erfahrung; dies wird auch durch Experteninterviews bestätigt.

2   Das Lahntal im touristischen Kontext

Da Tourismus im Lahntal fast immer mit dem Aufenthalt von Menschen im Freien zwecks Erholung, Freizeitgestaltung oder sportlicher Aktivitäten zu tun hat, erscheint eine nähere Betrachtung des Untersuchungsraumes sinnvoll. Gleichzeitig soll auch eine Vergleichsmöglichkeit mit dem Tourismus in Deutschland gegeben werden.

2.1   Allgemeine Situationsanalyse des Lahntals

Bevor das diese Diplomarbeit verursachende Thema, der Tourismus, untersucht wird, soll festgestellt werden, welche Grundlagen das Lahntal dafür liefert (Angebotsanalyse) und wer außer dem Tourismus noch Nutzer dieser Grundlagen ist.

2.1.1   Geographie des Lahntals

Viele Faktoren bestimmen die touristische Eignung eines Raumes; mit einigen bedeutenden davon beschäftigt sich der folgende Abschnitt, der zwar dem „klassischen" Aufbau der Geographie folgt, aber nur eine Kurzform darstellt, da bereits einige Abhandlungen darüber verfaßt wurden[10].

2.1.1.1   Natürliches Angebot

Lahnaue[11]

Die natürlichen Angebotsfaktoren wie Landschaftsbild, Klima und Vegetation haben in Verbindung mit einer intensiven anthropogenen Überformung im Lahntal eine vielfältige Region geschaffen.

Das Untersuchungsgebiet hat Anteile an den waldreichen Mittelgebirgen Westerwald und Taunus. Im Norden berührt es das Rothaargebirge. Mehrmals wechselt die Talform zwischen Kasten- und Kerbtal. Die Berge direkt an der Lahn erreichen Höhen von bis zu 400 m üNN. Im Untersuchungsgebiet legt die Lahn einen Höhenunterschied von circa 200 m auf einer Länge von circa 150 km zurück, verfügt also nur über ein schwaches Gefälle. Somit können Lahnradweg und die Lahn als Bootwanderweg bequem befahren werden.

---

[10] Beispiele: Schulze/Uhlig 1982, Girsig 1993
[11] bei Leun, 23.07.2000

Zu erwähnen sind insbesondere die meist landwirtschaftlich genutzten Talböden. Nur an wenigen
Stellen, so zum Beispiel in den Städten, reicht die
Bebauung an den Fluß heran. Die meist extensiv genutzten Auen prägen über weite Strecken das Landschaftsbild, wodurch die Routenführung des Lahnradwegs erleichtert wird, an vielen Stellen konnten
landwirtschaftliche Wege genutzt werden.

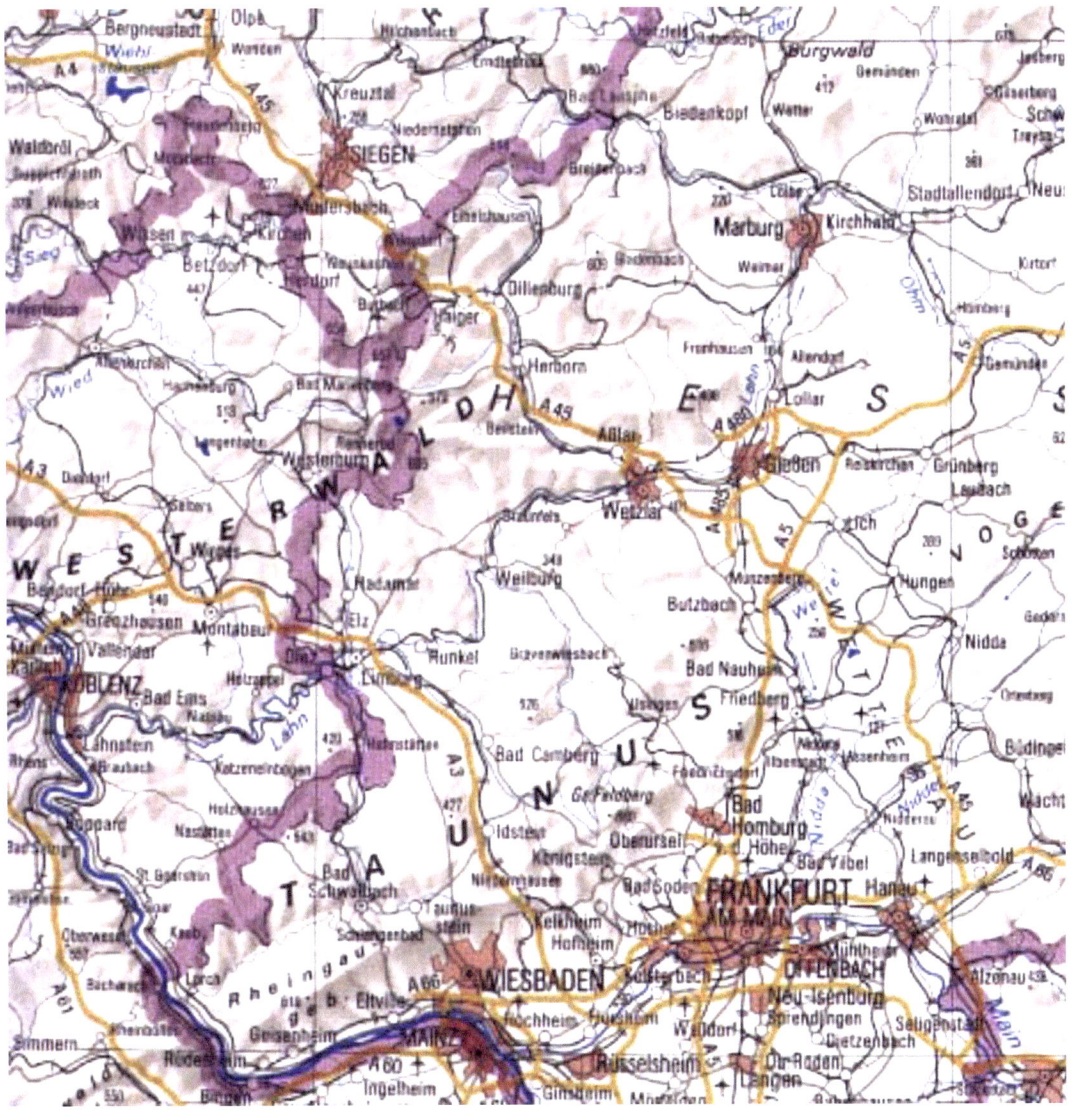

Lage des Untersuchungsgebietes[12]   **Maßstab: 1:750.000**

---

[12] Auszug aus der H 1000 N des HLVermA, 1993

2.1.1.2 Kulturlandschaft

Durch die Flußregulierung und den Ausbau der Lahn zur Schiffahrtsstraße im 19. Jahrhundert verschwanden die ursprünglichen Auen mit Altarmen und Feuchtgebieten. Die letzten Reste wurden allerdings erst in der Mitte des 20. Jahrhunderts beseitigt[13], um die landwirtschaftlich nutzbare Fläche zu vergrößern. Abwechslungsreich gestalten sich die Hänge des Lahntals durch Streuobstwiesen und Gärten.

Für den Tourismus von großer Bedeutung ist der heute noch fortwährende Status der Lahn als Bundeswasserstraße. Die Unterhaltung der zahlreichen Schleusen und wasserbaulichen Anlagen wie Wehre ist dadurch sichergestellt, wenn auch der eigentliche Zweck, die Schiffbarmachung der Lahn für den Güterverkehr, längst weggefallen ist. Heute dienen die Anlagen, darunter der deutschlandweit einzigartige Schiffstunnel in Weilburg, ausschließlich dem Freizeitverkehr und Tourismus, insbesondere dem Bootwandern. Ein Teil des Lahnradweges führt auf dem Leinpfad, dessen Zweck ebenfalls weggefallen ist, entlang des Flusses.

2.1.1.3 Die Städte und Gemeinden

Kulturell bedeutsame Städte wie Biedenkopf, Marburg, Gießen, Wetzlar, Braunfels, Weilburg und Limburg liegen in günstigen Abständen entlang der Lahn und ermöglichen einen abwechslungsreichen Besichtigungs- und Städtetourismus. Nicht nur in den großen Städten, sondern auch in den dazwischen liegenden kleineren Gemeinden existieren zahlreiche mittelständische Betriebe und Großunternehmen, die einen Tagungs- und Geschäftsreisetourismus implizieren.

---

[13] Auswertung von Luftbildern aus den Jahren 1936 bis 1938 durch den Verfasser.

2.1.2   Nutzungsanalyse des Lahntals

2.1.2.1   Nutzergruppen

Die vielgestaltige Kulturlandschaft und die relative dichte Besiedlung bedingen eine große Zahl der unterschiedlichsten Nutzungen. Während die Land- und Forstwirtschaft noch den größten Flächenanteil beansprucht, gibt es einige weitere Interessen an der Lahn: Sportlich genutzt wird sie nur teilweise von den Touristen, traditionell gibt es einige Rudervereine, Wasserski- und Motorbootclubs. Eine weitere Gruppe stellen die Angler dar, hinzu kommen Naherholungssuchende wie Spaziergänger (mit Hunden).

In der Wahrnehmung der anderen Nutzer als relativ problematisch werden die Bootwanderer angesehen. Oftmals fallen große Gruppen von Paddlern durch Lärm und Abfälle unangenehm auf.

2.1.2.2   Naturschutz

Jede Ausübung der Interessen verstärkt den Druck auf das Ökosystem; interessant ist die Frage, wie das Ökosystem reagiert, ab welchem Nutzungsgrad es schaden nimmt und ob es eine Belastungsgrenze überhaupt gibt.

Um den Erhalt der Lahnauen sicherzustellen, wurde 1996 vom Regierungspräsidium Gießen das LSG Auenverbund Lahn-Dill-Ohm ausgewiesen. Basierend auf einem Konzept zum „Sanften Tourismus"[14] wurden gleichzeitig Ein- und Ausstiegsstellen sowie Rastplätze für Bootwanderer festgelegt und in der Folgezeit ausgebaut, um die Besucherströme zu lenken.

Dennoch prallen die Interessen gerade der Reiseveranstalter hart gegen die der Vertreter des behördlichen und Verbands-Naturschutzes.

[14] Girsig 1993

2.2   Tourismus

2.2.1   Tourismus in Deutschland

2.2.1.1 Überblick

Der Tourismus stellt in Deutschland einen ökonomischen und gesellschaftlichen Faktor von hohem Wert dar. In diesem Wirtschaftzweig sind mehr Menschen als in jedem anderen beschäftigt[15], der Anteil am Bruttosozialprodukt beträgt 8%[16].

2.2.1.2 Tourismusarten

Der deutsche Reisemarkt teilt sich in mehrere Tourismusarten auf, die sich teilweise ergänzen (zur allgemeinen Definition von Tourismus siehe 1.2.2). Insbesondere seien hier erwähnt der Erholungstourismus, der kulturorientierte Tourismus und der Sporttourismus, die nicht genau voneinander trennbar auch im Lahntal stattfinden.

2.2.1.3 Trend:
Natur und Sport

Die Deutschen zeigen immer mehr Interesse an Natursportarten. Gründe wie Arbeitszeitverkürzung, Mobilisierung und Wertewandel und ein gesteigertes Gesundheitsbewußtsein führen zu steigender Nachfrage nach Urlaub, während dem man sich durch meist sportliche Aktivität erholt. Die Ausübung solcher Natursportarten bergen einerseits ein erhebliches Tourismuspotential, andererseits kommt es in den Zielgebieten zu einem zunehmenden Nutzungsdruck.

Diese Problematik wird spiegelt sich auch im Lahntal wieder, wie noch zu sehen sein wird.

2.2.1.4 Herkunft der
Touristen

Die Touristen in deutschen Zielgebieten sind zum überwiegenden Teil auch Deutsche: Der Anteil der Ausländer an den Übernachtungen betrug 1998 circa 13%[17].

---

[15] Tourismuswirtschaft 2.800.000, Bauhauptgewerbe 1.155.900 Beschäftigte, Quelle: DTV 1999
[16] BMWI 2000
[17] BMWI 2000

2.2.1.5 Zielregionen

Über 400 touristische Institutionen mit öffentlicher Trägerschaft werben für so große Regionen wie das Allgäu über einzelne Städte bis hin zu kleinsten Gemeinden. Mittlerweile finden sich aber immer mehr solcher teils aus Verwaltungszwängen gegründeter Organisationen zu sogenannten touristischen Destinationen zusammen: Diese verfügen über ein Mindestmaß an touristischem Angebot und Nachfrage und stellen eine selbstständige, erfolgreich am Markt operierende Einheit dar.

2.2.2 Das Lahntal als touristische Destination

2.2.2.1 Bisherige Entwicklung der Nachfrage

Durch das konsequente Marketing der Lahntal-Kooperation und durch ein erfolgreiches Agieren von mittlerweile über zehn privaten Reiseveranstaltern ist das touristische Aufkommen im Lahntal stark angewachsen. Eine aktuelle Untersuchung zur Profilierung deutscher Urlaubsregionen an der Universität Trier führt die Regionen „Lahn-Dill, Westerwald und Taunus" an fünfter Stelle der „Gewinnerregionen" unter den westdeutschen Mittelgebirgsregionen im Betrachtungszeitraum 1995-1999 auf (hinter Altmühltal, Neckar, Rheinhessen und Bergischem Land)[18]. So wurden 1999 556.000 Ankünfte und 1.575.000 Übernachtungen in den Lahn-Anrainerkommunen gezählt[19].

2.2.2.2 Leitbild

Die Lahntal-Kooperation sieht im Tourismus einen bedeutenden Wirtschaftsfaktor und versteht sich als aktive Akteurin innerhalb der regionalen Wirtschaftsförderung. Im Sinne eines integrativen Ansatzes der Lahntal-Tourismusstrategie wirkt die Lahntal-Kooperation insbesondere auf die dauerhafte Sicherstellung einer natur- und landschaftsverträglichen Erholungsnutzung im Lahntal hin.

---

[18] Kern 2001
[19] SLA 2000

Ziel soll sein, den Wirtschaftszweig Tourismus in der Region nachhaltig zu entwickeln, qualifizierte Arbeitsplätze in der Region zu sichern und zu schaffen und die endogenen Potenziale im Sinne einer nachhaltigen und umweltgerechten Entwicklung zu aktivieren. Mit der Stärkung des Tourismus sollen die regionale Strukturentwicklung und die Ziele der Agenda 21 unterstützt werden.

2.2.2.3 Tourismusarten

Im hessischen Lahntal spielen insbesondere folgende Nachfragesegmente eine Rolle:

- Städtetourismus
- natur- und landschaftsorientierter Aktiv- und Erholungstourismus wie Wandern, Radwandern und Bootwandern
- Besichtigungs- und Kulturtourismus, z. B. Burgen, Schlösser, Museen und kulturelle Veranstaltungen
- Tagungs-, Seminar- und Geschäftsreisetourismus
- Gruppentourismus (Busreisen, Vereins- und Betriebsausflüge, Incentive-Reisen)

Neben den Kurzurlaubern, Tagesausflüglern und Naherholern werden insbesondere auch Zweit- und Dritturlauber angesprochen, die bis zu einer ganzen Woche das Lahntal bereisen.

Schiffstunnel mit Schleuse[20]

---

[20] in Weilburg, 16.09.1999

3   Projektplanung

Projektplanung besteht aus der systematischen Gewinnung von Informationen über den zukünftigen Ablauf des Projektes. Die während des
Projektablaufs notwendigen Handlungen sollen bereits im Vorfeld genau
bedacht und festgelegt werden[21]. Die Planung soll auch eventuell ein-
tretende Probleme berücksichtigen und für diese Fälle Alternativen
bereithalten.

Im folgenden wird zunächst der eher theoretische Projektinhalt betrachtet:
Was soll während des Projektes untersucht werden, und wie und wo kann
dies erreicht werden? Ein eigenes Kapitel beschäftigt sich danach mit der
konkreten Durchführungsplanung.

3.1   Projektinhalt

In diesem Kapitel werden die Grundlagen für die geplante empirische Erhebung gelegt. Nach der Präzisierung der inhaltlichen Fragestellung werden
die für ihre Untersuchung geeigneten statistischen Methoden ausgewählt[22].

3.1.1   Festlegung der zu untersuchenden Variablen

Bei diesem Punkt ist besonderes Augenmerk auf die (wenn auch geringen)
Unterschiede zwischen den beiden Untersuchungselementen zu legen. Der
Entwicklung des Variablenkatalogs wird große Bedeutung eingeräumt, um
die Anforderung der Akzeptanz zu erfüllen; hier werden die einzelnen Schritte besonders ausführlich dargestellt.

**3.1.1.1 Interessen der
         Lahntal-Akteure**

Um festzulegen, welche Variablen während des Projektes gewonnen werden sollen, ist es notwendig, die
Bedürfnisse der Auftraggeber der Untersuchung ab-
zufragen. Durch die möglichst weitgehende Integra-
tion auch der anderen Lahntal-Nutzer werden zwei
Vorteile erreicht:

- Die Akzeptanz des Projektes steigt, da auch
  Interessen anderer Gruppen als der Auftraggeber der Untersuchung berücksichtigt
  werden können.

---

[21] vgl. Platz/Schmelzer 1986
[22] vgl. Bahrenberg/Giese/Nipper 1990, S. 11

- Die Maßnahme wird nachhaltiger, da die Chance, Variablen zu gewinnen, besser genutzt wird; die Wahrscheinlichkeit, zusätzliche Untersuchungen aufgrund nicht erhobener, weil „vergessener" Variablen durchführen zu müssen, sinkt.

3.1.1.2 Festlegungsprozeß

Anhand der Bedürfnisse der Lahntal-Akteure und früherer Studien wird ein maximaler Variablenkatalog erstellt, der dann hinsichtlich Sinnhaftigkeit, Durchführbarkeit und nicht zuletzt des mit der Erhebung verbundenen Aufwandes geprüft wird. Die aus dieser Filterung hervorgehenden Variablen stellen die endgültig zu erhebenden Informationen dar.

3.1.1.3 Grundsätzliche Festlegungen

Unberührt von der oben beschriebenen Vorgehensweise kann schon im Vorfeld aufgrund sich unterscheidender Variablenarten die Trennung der Erhebung in zwei Teile erfolgen:

1. Die Feststellung des absoluten Auftretens von Rad- und Bootwanderern, den Untersuchungselementen (quantitative Variablen).
2. Die Erhebung von Daten über das Verhalten und andere Eigenschaften von Rad- und Bootwanderern (quantitative und qualitative Variablen).

Die wesentlich einfacher durchzuführende Erhebung im ersten Fall wird erst später betrachtet; der Festlegungsprozeß für die im zweiten Fall zu erhebenden Daten ist nun näher zu behandeln.

Desweiteren sollen zwecks organisatorischer Vereinfachung möglichst homogene Erhebungen für die beiden zu untersuchenden Gruppen, nämlich Rad- und Bootwanderer, entwickelt werden. Im folgenden kann daher vorerst auf eine generelle Unterscheidung verzichtet werden; die Zuordnung im Einzelfall reicht aus.

3.1.1.4 Ausgangsbasis

Eine schon sehr weitreichende Ausgangsbasis zur Ermittlung eines maximalen Variablenkataloges stellt eine Studie aus dem Jahr 1996 dar[23]. Hier wurden im Rahmen einer empirischen Erhebung unter Kanuten soziodemographische, motivatorische und organisatorische Aspekte erfragt. Themen des Tourismusmarketings und der Nutzung touristischer Infrastruktur waren ebenfalls Bestandteile dieser Erhebung. Mit Hilfe dieser Grundlage wurde in einer Abstimmung mit der Auftraggeberin eine Aufstellung erarbeitet, die folgende Themenkreise enthielt:

- quantitative Befragungsziele von allgemeinem Interesse (Besuchsfrequenz, Aufenthaltsdauer, Gruppengröße, Ausgabeverhalten)
- ökologisch relevante Daten (Nutzung vorhandener Lenkungs-Infrastruktur, Umweltverhalten, ökologische Einschätzung des Untersuchungsgebietes)
- touristische Befragungsziele betreffend Marketing (Informationsquelle, Destinationsimage)
- touristische Befragungsziele betreffend Infrastruktur (Verkehrsmittelnutzung, Unterkunft, Verpflegung, Wegezustand)
- persönliche Daten (Alter, Geschlecht, Beruf)

Eine Untersuchung mit einem ähnlichen Variablenkatalog wurde 1999 vom Zweckverband Naturpark Hochtaunus durchgeführt[24].

3.1.1.5 Verfahrensbeteiligung

Der nun vorliegende Variablenkatalog wurde einem Abstimmungsverfahren unterzogen und um die Bedürfnisse der Interessengruppen (Behörden, Naturschutzverbände, touristische Leistungsträger, Tourismusverbände) erweitert. Diese Wünsche wurden vom Verfasser von Vertretern der folgenden Inter-

---

[23] Blank 1996
[24] NP HT 1999

essengruppen eingeholt:

- Arbeitskreis Lahn
  Behörden und Institutionen, deren Arbeitsfeld sich auf die (hessische) Lahn erstreckt[25]
- §29-Verbände
  nach §29 des Bundesnaturschutzgesetzes anerkannte Naturschutzverbände mit Tätigkeitsfeld Lahn[26]
- Bundesvereinigung Kanutouristik
  Zusammenschluß von Kanureiseveranstaltern

3.1.1.6 Arbeitskreis Lahn

Der Arbeitskreis Lahn empfahl[27] für das geplante Projekt[28], den geplanten Variablenkatalog nicht zu umfangreich zu konzipieren, um die Akzeptanz bei den Untersuchungselementen zu erhalten. Die Endausfertigung sollte 20 Fragen[29] nicht übersteigen.

3.1.1.7 §29-Verbände

Die Naturschutzverbände kritisierten[30] die unzureichende Berücksichtigung ökologischer Fragestellungen, die allerdings auch von Laien kaum beantwortbar sein würden. Wünschenswert wären weitere Untersuchungen und auch Expertenbefragungen zu ökologischen Themen.

3.1.1.8 BKT

Die BKT wurde einerseits über ihren Sitz im Arbeitskreis Lahn und andererseits direkt während zweier Besprechungen eingebunden. Der Vertreter der Kanureiseveranstalter legte[31] besonderen Wert auf die Besprechung der gewonnenen Daten nach Projekt-

---

[25] Verfahrensbeteiligte Institutionen im einzelnen: ONB, UNBs, Staatliches Umweltamt Wetzlar, OWB, UWBs, Wasserwirtschaftsämter, Forstverwaltungen, WSA, WSP, LaKo, NP Hochtaunus, BKT, HKV, IG Lahn

[26] Verfahrensbeteiligte Institutionen im einzelnen: BVNH, BUND, DGWV, HGON, LJV, NABU, SDW, VHS

[27] Erörterungsgespräch mit dem Arbeitskreis Lahn am 10. Februar 2000 in Wettenberg-Krofdorf-Gleiberg

[28] Mehrere Empfehlungen wurden bezüglich der Erhebungsorte und -zeitpunkte gegeben; diese sind in Abschnitt 3.2 berücksichtigt.

[29] Schon zu diesem Zeitpunkt ging man davon aus, daß es eine Befragung geben würde.

[30] Erörterungsgespräch mit den Vertretern der Naturschutzverbände am 8. März 2000 in Wetzlar

[31] Erörterungsgespräch mit dem Vertreter der BKT im Dezember 1999

abschluß und eine Abstimmung mit dem Arbeitskreis Lahn vor der Veröffentlichung.

3.1.1.9 Endgültiger Variablenkatalog

Der aus dem obigen Verfahren gewonnene Variablenkatalog stellt nun einen Maximalkatalog dar. Im folgenden ist dieser auf Sinnhaftigkeit zu prüfen und nicht zuletzt im Umfang derart zu begrenzen, daß ein einerseits die Bedürfnisse der Verfahrensbeteiligten möglichst weitgehend integrierender und andererseits den Praxisanforderungen gerecht werdender Fragenkatalog entwickelt werden kann.

Die Fragen im einzelnen:

1 Quantitative Befragungsziele von allgemeinem Interesse

1.1 Besuchsfrequenz
- Sind Sie schon einmal auf der Lahn gepaddelt/geradelt?
- Wenn ja, wie oft?
- Waren Sie schon einmal im Lahntal?
- Wenn ja, wie oft?

1.2 Aufenthaltsdauer
- Wie lange paddeln/radeln Sie im Lahntal?
- Wie lange dauert Ihr Aufenthalt im Lahntal?

1.3 Gruppengröße
- Sind Sie alleine unterwegs?
- Wenn nein, wieviele Personen sind in Ihrer Gruppe?

1.4 Grund der Reise
- Warum machen Sie diesen Aufenthalt (Erlebnis, Erholung, Sport)

1.5 Ökonomische Daten
- Wieviel Geld geben Sie durchschnittlich pro Tag aus?

2 Touristische Befragungsziele betreffend Marketing

2.1 Wahl des Reisezieles
- Warum besuchen Sie das Lahntal und nicht ein anderes Tal?
- Sind Sie auch schon in anderen Flußtälern gepaddelt/geradelt?

2.2 Informationsquelle
- Wie sind Sie auf die Lahn aufmerksam geworden?
- Kennen Sie das Lahntal-Logo?
- Haben Sie schon einmal Veröffentlichungen über das Lahntal gesehen?

2.3 Aufenthaltsart
- Welche Art von Aufenthalt verbringen Sie hier (Haupturlaub, Kurzurlaub, Durchreise mit anderem Hauptziel, Vereinsfahrt, Tagesausflug)

2.4 Image der Destination
- Was gefällt Ihnen an der Lahn besonders?
- Wie beurteilen Sie das Aufkommen an Touristen im Lahntal?
- Besuchen Sie Freizeiteinrichtungen oder Sehenswürdigkeiten im Lahntal?

3 Touristische Befragungsziele betreffend Infrastruktur

3.1   Verkehrsmittel
- Welches Verkehrsmittel nutzen Sie zur An- und Abreise?
- Wenn Individualverkehr: Kennen Sie die Lahntalbahn?
- Wenn ja: Welche Verbesserungen wünschen Sie sich?
- Wie gelangen Sie zum Startpunkt zurück?

3.2   Unterkunft
- Wo übernachten Sie?
- Gefällt Ihnen Ihre Unterkunft?
- Stimmt das Preis-/Leistungsverhältnis?
- Wenn nein: Warum?
- Sollte es Verbesserungen geben?

3.3   Reiseorganisation
- Sind Sie Individual- oder Pauschalreisender?
- Reisen Sie mit dem eigenen Boot/Rad?

3.4   Verpflegung
- Verpflegen Sie sich selbst?
- Nutzen Sie die Gastronomie?

3.5   Wegeinfrastruktur
- Sind Sie mit dem Zustand des Weges/der Lahn zufrieden?
- Ist der Weg/die Lahn verschmutzt oder sauber?
- Gibt es eine Beschilderung?

4   Daten betreffend Ökologie

4.1   Start und Ende der Fahrt
- Wo haben Sie Ihre Reise begonnen, wo wird sie enden?
- Woher haben Sie Ihre Informationen dazu?

4.2   Rastplätze
- Wie sieht für Sie der ideale Rastplatz aus?
- Wo rasten Sie?
- Entsprechen die Rastplätze Ihren Erwartungen?

4.3   Verhalten während der Fahrt
- Wurden Sie von Ihrem Anbieter über Naturschutz aufgeklärt?
- Finden Sie es wichtig, sich ruhig zu verhalten?

5   Allgemeine Strukturdaten

5.1   Person
- Wie alt sind Sie?
- Geschlecht
- Beruf

5.2   Herkunft
- Wie lautet die Postleitzahl Ihres Wohnortes?

3.1.1.10 Variablen bezüglich des Aufkommens

Die Abstimmung des ersten Teils der Erhebung, der aufkommensspezifischen Variablen, mit den Verfahrensbeteiligten erwies sich als einfacher, da die Menge an zählbaren Daten kleiner ist. Generell sollen nur die Rad- beziehungsweise Bootwanderer gezählt werden, die dem jeweiligen Wanderweg (also Lahnradweg beziehungsweise Lahn) im Bereich der Zählstelle vollständig folgen.

Bei den Radwanderern könnten zusätzlich zur Anzahl weitere Daten wie Art des Fahrrads (Tandem, Mountainbike) oder Eigenschaften der Lenker (Geschlecht, Alter) erfaßt werden. Da dies aber mit erheblichem Mehraufwand verbunden wäre oder solche Daten für die Verfahrensbeteiligten nur von nachrangigem Interesse wären, wird davon abgesehen.

Radwandern ohne Gepäck

Dagegen erscheint es sehr interessant zu erfahren, welche Radwanderer Touristen und welche Nacherholer sind. Die Unterscheidung ist oftmals durch die sichtbare Mitführung von Gepäck möglich. Da aber aufgrund dieses Merkmals keine völlig sichere Zuordnung durch die Zähler erfolgen kann, weil zunehmend auch die Reiseform „Reisen ohne Gepäck" stattfindet[32], wird diese Fragestellung in den zweiten Teil der Erhebung, die Befragung, integriert. Mittels Hochrechnung wäre dann auf den Anteil der Touristen an allen Radwanderern zu schließen.

Ohne größeren Aufwand hingegen ist bei Radwanderern die Fahrtrichtung zu erheben.

Im Unterschied zu den Radwanderern ist bei den Bootwanderern die Zahl der zu erhebenden Informationen höher. Während die Fahrtrichtung (Berg- oder Talfahrt) vernachlässigt werden kann[33], ist für alle Verfahrensbeteiligten die Anzahl der Personen pro Boot von großer Bedeutung. Zu erfahren, welcher Art die Boote sind, erscheint sinnvoll, jedoch könnte eine genaue Klassifizierung für das Erhebungspersonal schwierig werden; daher wird diese Information nicht erhoben. In jedem Fall ist aber nur die Erfassung von muskelkraftbetriebenen Booten interessant.

---

[32] Zwei Anbieter solcher Radwandertouren sind dem Verfasser im Lahntal bekannt.

[33] Die Verfahrensbeteiligten schätzten den Anteil der Bootwanderer, die die Lahn flußaufwärts befahren, als verschwindend gering und somit vernachlässigbar ein.

3.1.1.11 Rahmen-festlegungen

Weitgehende Einigkeit bestand bei den Verfahrens-beteiligten in der Festlegung des Zeitrahmens für die geplanten Erhebungen: Aufgrund der vernachlässig-baren Nutzungen außerhalb des Sommerhalbjahres sollen die Untersuchungen zwischen dem 1. April und dem 30. September 2000 durchgeführt wer-den[34].

3.1.1.12 Zusammenfassung

Im folgenden seien die zu erhebenden Variablen-kreise, auch zur Verwendung im Projektmarketing, noch einmal stichpunktartig zusammengefaßt:

- Feststellung des Aufkommens von Rad- und Boottouristen auf und an der Lahn
- Ermittlung ökologisch relevanter Planungs-daten wie zum Beispiel Infrastruktur- und In-formationsstand, Umweltverhalten und Ak-zeptanz der bestehenden Ein- und Aus-stiegsstellen sowie Rastplätze
- Ermittlung von für die Tourismusplanung re-levanten Daten wie zum Beispiel Herkunft der Touristen und Ausgabeverhalten

Gezählt werden sollen bei Radwanderern die Perso-nen pro Fahrtrichtung, die ein Fahrrad benutzen und dem Verlauf des Radwegs im Bereich der Zählstelle vollständig folgen sowie bei Bootwanderern die mit Muskelkraft betriebenen Boote pro Fahrtrichtung und jeweils darauf bezogen die darin enthaltenen Köpfe.

3.1.2   Ermittlung der geeigneten Methoden

Nach der Festlegung der zu gewinnenden Variablen müssen nun Methoden gefunden werden, die eine den Vorgaben der Auftraggeberin genügende Erhebung zulassen; die gewählten Methoden müssen aber neben solchen Kriterien wie zum Beispiel Repräsentativität auch hinsichtlich der Durch-führung praxistauglich sein.

Da bereits jetzt abzusehen ist, daß sich die gewünschten Aussagen nicht für die jeweilige Grundgesamtheit gewinnen lassen, also Stichproben notwen-

---

[34] Diesen Zeitraum verwendete auch Blank 1996.

dig werden, wird die Beschränkung auf bestimmte Erhebungsorte und -zeitpunkte notwendig (Stichproben); deren Festlegung wird in einem eigenen Abschnitt zum Thema Projektinfrastruktur behandelt.

3.1.2.1 Datenerhebung

Um die im vorigen Abschnitt festgelegten Variablen erheben zu können, bedarf es zweier unterschiedlicher Verfahren:

1. Das Ziel der Feststellung des Aufkommens von Rad- und Boottouristen auf und an der Lahn kann am sinnvollsten mit dem Instrument der Zählung erreicht werden. Bei der Anzahl der Rad- oder Bootwanderer, die das Untersuchungsgebiet nutzen, handelt es sich um eine endliche Menge (von unbekannter Größe); ermittelt wird also eine diskrete Variable.

2. Komplexer ist die Erhebung der anderen Variablen. Es handelt sich um Daten unterschiedlichen Skalenniveaus. Aufgrund der teilweise anspruchsvollen Fragestellungen soll hier das Instrument der Befragung gewählt werden.

Empfohlen wird, an jedem noch festzulegenden Erhebungsort beide Verfahren gleichzeitig durchzuführen, da dies ressourcenschonender ist.

3.1.2.2 Erfassungsdauer

Unabhängig von der Wahl der Stichproben bezüglich der Erhebungstage ist eine Festlegung der Erfassungsdauer innerhalb eines Erhebungstages angebracht. Theoretisch bestünde die Möglichkeit, während eines vollen Tages (24 h) die oben genannten Variablen zu erheben. Folgende Annahmen[35] können die zur Wahrung der Repräsentativität notwendige Erfassungsdauer einschränken:

- Die Aktivitäten von Rad- und Bootwanderern finden fast ausschließlich bei Tageslicht statt.

---

[35] Diese Annahmen wurden in Experteninterviews von den Vertretern der LaKo und der BKT bestätigt.

- In den frühen Morgenstunden werden auch nur sehr wenige Rad- und Bootwanderer unterwegs sein.

Aufgrund dieser Annahmen sollte ein Erfassungszeitraum pro Tag von mindestens 08:00 bis 20:00 Uhr (MESZ) ausreichend sein. Jedoch greift hier die organisatorische Restriktion, daß das Erhebungspersonal maximal 8 h ununterbrochen tätig sein sollte; um den Personalaufwand so gering wie möglich zu halten, wird daher der Erfassungszeitraum pro Tag auf 10:00 bis 18:00 Uhr (MESZ), quasi die Kernzeit touristischer Aktivitäten, festgelegt[36].

Während betreffend die Vollständigkeit der Zählung dieser Aspekt unbefriedigend ist, werden die Ergebnisse der Befragung weniger berührt, da die Wahrscheinlichkeit besteht, daß die touristisch motivierten Fahrten der Rad- und Bootwanderer lange genug dauern, um wenigstens einen Erhebungsort zu passieren.

Generell gilt: Der einmal definierte Zeitraum darf unter keinen Umständen verändert werden, um die Vergleichbarkeit der Erhebungstage untereinander zu wahren.

3.1.2.3 Zählung

Für die Zählung könnten automatische Vorrichtungen[37] verwendet werden; aufgrund des damit verbundenen höheren finanziellen Aufwandes und der möglichen Kombination der Zählung mit der Befragung wird jedoch der Einsatz von Personal empfohlen[38].

---

[36] Tageslängen Sommerhalbjahr 2000 für das Lahntal (ungefähre Angaben, MESZ):

	Anfang April	Mitte Juni	Ende September
Sonnenaufgang	07:15	05:30	07:30
Sonnenuntergang	20:00	21:45	19:15

[37] Supermärkte zum Beispiel verfügen teilweise schon über solche Einrichtungen, mit denen die Bewegungen einzelner Personen von einem Computer erfaßt werden. Quelle: Eigene Beobachtung.
[38] Der Verfasser führte am 07.08.1999 an der Schleuse in Löhnberg eine beispielhafte Zählung durch.

Bei der Zählung muß zwischen den beiden Untersuchungselementen unterschieden werden:

1. Radwanderer

    Festzulegen sind punktartige Zählstellen[39], die die eindeutige Zählung jeder Person, die ein Fahrrad benutzt und dem Verlauf des Lahnradwegs[40] im Bereich der Zählstelle vollständig folgt, zulassen. Radwanderer, die im Bereich der Zählstelle eine andere Route befahren, auch wenn diese zum Beispiel in Sichtweite ist, dürfen nicht erfaßt werden, da nur der Nutzungsgrad des Lahnradwegs bestimmt werden soll. Ebenfalls nicht zählen Radwanderer, die nur vor oder hinter der Zählstelle den Lahnradweg befahren und dann durch Abbiegen die Route verlassen; nur eine durchgängige Befahrung ist erfassenswert.

    Jede Passage der Zählstelle ist schriftlich zu erfassen („Strichliste", Beispiel für einen geeigneten Zählbogen siehe Abbildung), getrennt nach Fahrtrichtung.

2. Bootwanderer

    die mit Muskelkraft betriebenen Boote pro Fahrtrichtung und jeweils darauf bezogen die darin enthaltenen Köpfe.

Zubeachten ist ferner die mögliche Überschneidung mit der Befragung: Eventuell im Bereich der Zählstelle verweilende, da gerade in der Befragung befindliche Personen sollen ebenfalls erfaßt werden, denn obwohl sie sich nicht fortbewegen, erfüllen auch sie streng betrachtet das Kriterium der Passage.

Beispiel für eine Zählstelle[41]

---

[39] Zur Anzahl und Verteilung der Zählstellen siehe Abschnitt 3.2
[40] Der Verlauf des Lahnradwegs ist amtlicherseits genau festgelegt und daher eindeutig bestimmbar.
[41] an der Schleuse bei Solms-Oberbiel, 01.06.2000

R1-1305 Zählbogen Radwanderer

Erhebungsort: **Wallau**   Erhebungstermin: **Samstag, 13. Mai 2000**

Namen der Untersucher: _____

Zeitraum	Bergfahrt	Σ	Talfahrt	Σ
10:00 bis 11:00				
11:00 bis 12:00				
12:00 bis 13:00				
13:00 bis 14:00				
14:00 bis 15:00				
15:00 bis 16:00				
16:00 bis 17:00				
17:00 bis 18:00				
	Σ Bergfahrten:		Σ Talfahrten:	
	Σ Berg- und Talfahrten:			

Zählbogen für Radwanderer

B1-1305 Zählbogen Bootwanderer

Erhebungsort: **Argenstein**   Erhebungstermin: **Samstag, 13. Mai 2000**

Namen der Untersucher: _____

Uhrzeit (t)	Personen (P) je Boot (B) auf Talfahrt							Σ P
	$B_{(P=1)}$	$\Sigma_{(P=1)}$	$B_{(P=2)}$	$\Sigma_{(P=2)}$	$B_{(P\geq3)}$	$\Sigma_{(P\geq3)}$	$\Sigma\,B_{t=1}$	
1 (10:00-11:00)								
2 (11:00-12:00)								
3 (12:00-13:00)								
4 (13:00-14:00)								
5 (14:00-15:00)								
6 (15:00-16:00)								
7 (16:00-17:00)								
8 (17:00-18:00)								
	$\Sigma\,B_{(P=1)}=$		$\Sigma\,B_{(P=2)}=$		$\Sigma\,B_{(P\geq3)}=$			

Boote gesamt $\Sigma\,B_{t=8}=$

Personen gesamt $\Sigma\,P_{t=8}=$

Zählbogen für Bootwanderer

3.1.2.4 Befragung

Nachdem das Aufkommen von Rad- und Bootwanderern mittels Zählung erfaßt werden soll, bleibt zu klären, wie die Erhebung der anderen Variablen des aufgestellten Maximalkataloges erfolgen soll. Als geeignetes Instrument wird die Befragung mittels standardisierter Fragebögen gewählt. Das aufwendige, weil personalintensive Befragen ist hinsichtlich der Zuverlässigkeit und Repräsentativität der gewonnen Daten dem Verteilen von Fragebogen mit Beantwortung durch die Untersuchungselemente vorzuziehen.

Von geschultem Personal geführte Befragungen stellen sicher, daß die teilweise recht komplexen Fragestellungen korrekt beantwortet werden. Auch wird vermieden, daß Fragen die Realität verzerrend beantwortet werden, da die Befragten spontan antworten müssen. Die Standardisierung garantiert zum einen die Vergleichbarkeit der Ergebnisse und erleichtert andererseits den Befragungsvorgang für das Erhebungspersonal.

Der größte Vorteil der gewählten Methode besteht jedoch in der Stichprobenauswahl. Während bei der bereits erwähnten, dem Variablenkatalog zugrundeliegenden Untersuchung[43] Fragebögen über bestimmte Stellen verteilt wurden[44] und die Qualität der gewonnenen Daten stark von der Rücklaufquote abhängig war, bietet sich hier die Chance, die Repräsentativität durch zufällige Auswahl von Rad- und Bootwanderern durch das (geschulte) Erhebungspersonal zu erhöhen. Natürlich kann es auch hier zu Verzerrungen kommen; es ist aber anzunehmen, daß diese kleiner ausfallen. Es soll keine Auslese der Untersuchungsobjekte anhand des Aussehens durch das Personal stattfinden, auch wenn das Aussehen eventuelle Rückschlüsse auf den Status (Einheimischer oder Tourist) zulassen würde.

Im folgenden sollen die konkret zu stellenden Fragen für einzelne Variablen formuliert und begründet werden. Dieser Fragenkatalog wurde aus dem vorliegenden Maximalkatalog abgeleitet und mit den Verfahrensbeteiligten abgestimmt. Um die absolute Menge an Fragen zu begrenzen, wurden Prioritäten gesetzt und einzelne Fragen gestrichen. Der resultierende Fragebogen ist für Rad- und Bootwanderer kompatibel, da nur sehr wenige Fragen von spezifischer Natur sind.

Beispiel für ein Interview[42]

---

[42] bei Leun, 01.06.2000
[43] Blank 1996
[44] Auslage auf drei Campingplätzen und in einem stark frequentierten Ausflugslokal, zusätzlich Verteilung durch fünf verschiedene Bootverleiher an ihre Kunden

3.1.2.5 Fragebogen

Der Fragebogen im einzelnen:

0a	Datum	zum Beispiel 13.05.00
0b	Uhrzeit	Zeiträume 1-8
0c	Standort	R(1-5) oder B(1-5)

Mit der Erfassung des Erhebungsorts, dem Standort, und der Erhebungszeit, dem Datum in Verbindung mit der Uhrzeit, wird jeder Fragebogen vom Personal eindeutig identifiziert; die mit ihm erfaßten Daten können in die Gesamtdatenmenge integriert werden. Die Uhrzeit bezieht sich auf die bei der Zählung verwendeten Intervalle. Wird eine Befragung beispielsweise um 14:08 Uhr durchgeführt, so ist der Wert vier einzutragen. Eine präzisere Angabe erscheint nicht notwendig. Die Codierung für den jeweiligen Standort wird im nächsten Abschnitt erläutert.

1	Geschlecht	männlich=1, weiblich=2
2	Alter	<20=1, 20-40=2, 40-60=3, >60=4

Diese Strukturdaten sind vom Erhebungspersonal auszufüllen. Die Einordnung in die angegebenen Altersklassen sollte vom geschulten Personal leistbar sein.

3	Sind Sie zum ersten Mal im Lahntal?	ja=1, nein=2, Einheimischer=3
3a	Wenn 2: Wie oft?	Anzahl

Mit dieser einfachen Einstiegsfrage beginnt die eigentliche Befragung. Ermittelt werden kann der Anteil Einheimischer an allen Befragten sowie der Anteil der auswärtigen Lahntal-„Kenner". Der zweite Teil des Komplexes soll nur gefragt werden, wenn der erste Teil verneint wurde (Bedingung).

	Warum reisen Sie im Lahntal (Mehrfachnennungen möglich)?	
4a	Naturerlebnis	ja=1, nein=2
4b	Gemeinschaftserlebnis	ja=1, nein=2
4c	Sport	ja=1, nein=2
4d	Wohnort	ja=1, nein=2
4e	nur Paddler: Beschränkungen auf anderen Flüssen	ja=1, nein=2

Ermittlung des Reisegrunds. Eine Angabe anderer als der angegebenen Gründe ist nicht vorgesehen. Die nur Bootwanderern bleibende letzte Möglichkeit soll Rückschlüsse auf Verdrängungseffekte (siehe Kapitel XXX) zulassen.

5	Besuchen Sie Sehenswürdigkeiten an der Lahn (Mehrfachnennungen möglich)?	ja=1, nein=2
5a	Wenn 1: Besucherbergwerke, Höhlen	ja=1, nein=2
5b	Wenn 1: Stadtrundgänge	ja=1, nein=2
5c	Wenn 1: historische Bauten	ja=1, nein=2
5d	Wenn 1: Museen	ja=1, nein=2

Die angegebenen Möglichkeiten decken annähernd alle im Lahntal vorkommenden Sehenswürdigkeiten ab. Zwecks erleichterter Auswertung wurde hier darauf verzichtet, eine nicht vordefinierte Möglichkeit (offene Frage) zu geben.

	Was finden Sie am Lahntal besonders reizvoll (Mehrfachnennungen möglich)?	
6a	historische Städte	ja=1, nein=2
6b	Ruhe	ja=1, nein=2
6c	gutes Freizeitangebot	ja=1, nein=2
6d	schöne Landschaft	ja=1, nein=2
6e	*nur Radler:* ideale Radwanderbedingungen	ja=1, nein=2
6f	*nur Paddler:* ideale Paddelbedingungen (Ein- und Ausstieg, Rastplätze)	ja=1, nein=2

Diesen durchweg positiven Eigenschaften kann der Befragte am Ende der Befragung negative Erfahrungen entgegensetzten. Die letzte Möglichkeit soll einer Erfolgskontrolle der Infrastrukturmaßnahmen dienen.

7	Sind Sie individuell unterwegs oder haben Sie pauschal gebucht?	Individualreise=1, Pauschalreise=2

Grundsätzliche Trennung der Befragten in Pauschal- und Individualreisende (wobei Einheimische zu letzteren zählen können).

8	Mit wievielen Personen sind Sie unterwegs?	Anzahl
8a	Wenn >1: Mit welcher Art von Gruppe sind Sie unterwegs?	Familie=1, Verwandte, Freunde=2, Betriebsausflug=3, Schulausflug=4, Jugendgruppe=5, Reisegesellschaft=6, Verein=7 (Kegel-, Sport-, Wander-), sonstiges=8

Ermittlung von Gruppengröße und Gruppenart. Die angegebenen Kategorien sollten alle Möglichkeiten abdecken; zusätzlich besteht die Möglichkeit „sonstiges".

9	Haben Sie sich von einer Institution beraten lassen?	ja=1, nein=2
9a	Wenn >1: von welcher Institution?	
	Wenn >1: Wie beurteilen Sie...	
9b	... die Beratung vor der Reise?	gut=1, schlecht=2
9c	... die Beratung während der Reise?	gut=1, schlecht=2
9d	... das Prospektmaterial?	gut=1, schlecht=2

Ermittlung der touristischen Beratungsstellen und ihrer Qualität. Gefragt wird nach der subjektiven Einschätzung durch den Befragten, wobei auf eine stärker abgestufte Einteilung zugunsten der Praktikabilität verzichtet wurde.

10	Mit welchem Verkehrsmittel sind Sie ins Lahntal gekommen?	Bahn=1, Pkw/Motorrad=2, Reisebus=3, Fahrrad=4, Einheimischer=5
10a	Wenn 1: Wie beurteilen Sie diese ÖV-Anbindung?	gut=1, schlecht=2
10b	Wenn 2: Wie beurteilen Sie die Parkmöglichkeiten am Startpunkt?	gut=1, schlecht=2

Abfrage der genutzten Verkehrsinfrastruktur. Speziell die Beurteilung der Parkmöglichkeiten soll Defizite sichtbar machen.

11	Wem gehört Ihr Fahrrad/Boot?	Eigentum=1, Umfeld=2, Verein=3, kommerzieller Verleiher=4
	Wenn 4: Haben Sie eine Einweisung erhalten über...	
11a	Umweltverhalten?	ja=1, nein=2
11b	Sicherheit?	ja=1, nein=2

Der Anteil kommerzieller Bootverleiher und deren Bereitschaft, die öffentlichen Empfehlungen bezüglich Sicherheit und Naturschutz zu berücksichtigen, kann hier ermittelt werden. Interessant erscheint die Fragestellungen bei Radwanderern, da dies bisher im Lahntal noch nicht untersucht wurde.

12	Wie lange bleiben Sie im Lahntal?	Anzahl Tage
12a	Wenn >1: Wo haben Sie Ihre Gesamtreise begonnen?	Name des Ortes
12b	Wenn >1: Wo werden Sie Ihre Gesamtreise beenden?	Name des Ortes
12c	Wenn >1: Wo übernachten Sie?	Hotel=1, Gasthof=2, Pension=3, Privatpension=4, Camping=5, Jugendherberge=6, Privat=7, sonstiges=8
12d	Wenn >1: Wie sind Sie mit Ihrer Unterkunft zufrieden?	zufrieden=1, nicht zufrieden=2
12e	Wenn >1: Wieviel Geld geben Sie hierfür pro Tag und Person aus?	Betrag

Ermittlung von Aufenthaltsdauer, Reiselänge (nicht Etappenlänge!) und Übernach-
tungsart sowie -qualität und -preis. Gerade die Aufenthaltsdauer in Verbindung mit
dem Ausgabeverhalten läßt Rückschlüsse auf die touristisch bedingten Umsätze zu.
Die Qualitätsfrage wiederum läßt Mängel erkennen.

13	Wo sind Sie heute losgefahren?	Name des Ortes
14	Bis wohin werden Sie heute fahren?	Name des Ortes
15	Mit welchem Verkehrsmittel gelangen Sie zum Startpunkt zurück?	Bahn=1, Pkw/Motorrad=2, Reisebus=3, Rad=4, Boot=5, sonstiges=6
15a	Wenn 1: Fahren die Züge häufig genug?	ja=1, nein=2

Etappenlänge und Start- beziehungsweise Endpunkte helfen vor allem bei der Kon-
trolle der Akzeptanz vorgegebener Infrastrukturen. Die letzte Frage kann als Argu-
mentationshilfe gegenüber öffentlichen Verkehrsträgern dienen.

16	Wie sind Sie auf das Lahntal aufmerksam geworden?	Verwandte/Bekannte=1, Verein=2, Ortskenntnis=3, Zeitungsartikel=4, Anzeige=5, TV/Radio=6, Reisebüro=7, Messe=8, Internet=9, sonstiges=10

Erfolgskontrolle für das Marketing. Einheimischen ist hier die Möglichkeit „Orts-
kenntnis" gegeben.

17	Verpflegen Sie sich während Ihrer Tour selbst oder nutzen Sie die Gastronomie oder beides?	selbst=1, Gastronomie=2, beides 3
17a	Wenn 1 oder 3: Wieviel Geld geben Sie pro Person und Tag für vor Ort gekaufte Verpflegung aus (ohne Gastronomie)?	Betrag
	Wenn 2 oder 3: Wie beurteilen Sie die Gastronomie im Lahntal hinsichtlich...	
17b	... der Qualität des Angebotenen?	gut=1, schlecht=2
17c	... der Öffnungszeiten?	gut=1, schlecht=2
17d	... der Häufigkeit?	gut=1, schlecht=2
17e	... der Gastfreundlichkeit?	gut=1, schlecht=2
17f	Wenn 2 oder 3: Wieviel Geld geben Sie p. P. für einen Gastronomiebesuch aus?	Betrag

Nutzung von Gastronomie und Einkaufsmöglichkeiten bei Selbstversorgung geben
Auskunft über ökonomische Effekte; die Bewertungen können Angebotsmängel auf-
decken.

18	Bewerten Sie das Lahntal als ruhig, betriebsam oder überlaufen?	ruhig=1, betriebsam=2, überlaufen=3
19	Ist Ihr Wanderweg im Lahntal sauber oder verschmutzt?	sauber=1, verschmutzt=2

Bei Frage 18 gibt es ausnahmsweise drei Möglichkeiten, wobei eine neutrale Position
bewußt vermieden wird. Der subjektiv wahrgenommene Verschmutzungsgrad ist

zwar weniger ein Indiz für den ökologischen Zustand, hat aber in Verbindung mit der ersten Frage Bedeutung bezüglich einer möglichen Übernutzung des Lahntals und nötigen Lenkungsmaßnahmen.

	Wie informieren Sie sich über Ihre Route (Mehrfachnennungen möglich)?	
20a	Karte	ja=1, nein=2
20b	Wanderführer	ja=1, nein=2
20c	Beschilderung	ja=1, nein=2
20d	Prospekte	ja=1, nein=2
20e	Ortskenntnis	ja=1, nein=2
20f	sonstiges	ja=1, nein=2

Von Bedeutung ist vor allem der Punkt Beschilderung. Die wegweisende Beschilderung gerade des Radweges kann hier auf ihre Nutzung geprüft werden.

	Wie beurteilen Sie die Ausstattung des Wanderweges mit...	
21a	... Wegweisern?	gut=1, schlecht=2
21b	... Hinweisen auf Sehenswürdigkeiten?	gut=1, schlecht=2
21c	... Hinweisen auf Gastronomie?	gut=1, schlecht=2
21d	*... nur Paddler:* Hinweisen zum Verhalten auf dem Wasser?	gut=1, schlecht=2

Hier soll vor allem die tatsächliche Wahrnehmung der Informationstafeln für Bootwanderer geprüft werden. Da im Gegensatz dazu der Lahnradweg nicht mit einer touristischen Beschilderung ausgestattet ist, sollten hier Defizite erkennbar werden.

	nur Paddler: Wie beurteilen Sie die Ein- und Ausstiegsstellen hinsichtlich ihrer...	
22a	... Zugänglichkeit vom Wasser aus?	gut=1, schlecht=2
22b	... Ausschilderung vom Wasser aus?	gut=1, schlecht=2
22c	... Bootsbefestigungsmöglichkeit?	gut=1, schlecht=2
22d	... Rastplatzausstattung (Sitzgruppe, Mülleimer)?	
22e	Können Sie uns den Namen dieses Rastplatzes nennen?	
22f	... Toiletten?	
22g	... Häufigkeit?	gut=1, schlecht=2

Mit dieser nur Bootwanderern zu stellenden Frage können Infrastrukturdefizite erkennbar werden; anhand der gewonnenen Ergebnisse kann der weitere Ausbau der Infrastruktur geplant werden.

23	Was müßte Ihrer Meinung nach im Lahntal dringend verbessert werden?	Aussage (1 Nennung)
24	Was gefällt Ihnen besonders gut?	Aussage (1 Nennung)

Die beiden einzigen „offenen" Fragen geben den Befragten Raum für eigenständige Kritik. Der Auswertungsaufwand sollte beherrschbar bleiben. Mit der Möglichkeit, auch negative Kritik zu äußern, wird der Eindruck verhindert, nur positive oder neutrale Fragestellungen wären vom Auftraggeber gewünscht.

25	Wie lautet die Postleitzahl Ihres Wohnortes?	Postleitzahl

Natürlich hätte hier auch die Frage nach dem konkreten Wohnort gestellt werden können; aus Gründen der Auswertungsvereinfachung und der Intimsphäre der Befragten wird nur die Postleitzahl erfaßt, was für Marketing-Zwecke ausreichend ist.

3.2   Stichprobengrößen

In diesem Kapitel sollen die in den vorangehenden Abschnitten getroffenen Pläne für die Datenerhebung umgesetzt werden. Dabei stellen sowohl Erhebungsorte wie auch Erhebungszeiten Stichprobengrößen dar, die nach Beginn der Untersuchungen nicht mehr verändert werden dürfen. Alle hier getroffenen Festlegungen sind daher mit den Verfahrensbeteiligten abgestimmt beziehungsweise aufgrund deren Fachkenntnis getroffen worden.

3.2.1   Erhebungszeiten

Wie auch bei der Auswahl der Erhebungsorte, zu sehen im nächsten Abschnitt, müssen bei der Festlegung der Tage, die stellvertretend für den Gesamtzeitraum stehen sollen, Kompromisse zwischen den Anforderungen der Repräsentativität und den organisatorischen Zwängen gefunden werden. Eine Untersuchung der Grundgesamtheit ist aus organisatorischen Gründen unmöglich, daher wird die Untersuchung einer Teilmenge (Stichprobe) und anschließende Hochrechnung nötig.

3.2.1.1 Definition	Die Erhebungszeiten geben an, an welchen Tagen die Zählungen und Befragungen durchgeführt werden müssen.
3.2.1.2 Klassifizierung	Die zur Verfügung stehenden möglichen Tage im Zeitraum von April bis September können in Klassen eingeteilt werden. Die Klumpenstichprobe wäre anwendbar, denn die Grundgesamtheit ist zeitlich aufgeteilt: Bestimmte Tage repräsentieren jeweils einen Saisontag-Typ, daher erfolgt die Einteilung des Saisonverlaufs.
3.2.1.3 Saisonverlauf	• Saisondauer: Sommerhalbjahr (1. April bis 30. September) • Unterteilung in je einen Teil vor den Sommer-Schulferien und in den Sommer-Schulferien (in den Haupt-Quellgebieten[45])

---

[45] Nach Girsig 1999 sind dies die Regionen Rhein-Main und Rhein-Ruhr, also die Bundesländer Hessen und Nordrhein-Westfalen.

- Aufteilung in Werktage und Wochenenden unter besonderer Berücksichtigung der verlängerten Wochenenden und gesetzlichen Feiertage

Damit ließen sich folgende Typen klassifizieren:

A. Werktage außerhalb der Sommer-Schulferien

B. Wochenenden außerhalb der Sommer-Schulferien

C. Verlängerte Wochenenden

D. Werktage innerhalb der Sommer-Schulferien

E. Wochenenden innerhalb der Sommer-Schulferien

3.2.1.4 Auswahl

Typ A: Werktage außerhalb der Sommer-Schulferien

- Vermutung: Termine im April und September vernachlässigbar
- Abdeckung der Zeiten sowohl vor wie auch nach den Schulferien wichtig
- Zwei Termine: Mittwoch, 14. Juni und Mittwoch, 9. August (Mittwoch günstig, da studientechnisch vorgesehener Projekttag)

Typ B: Wochenenden außerhalb der Sommer-Schulferien

- Vermutung: Termine im April und September vernachlässigbar (Witterung)
- Zufälliger Auswahltermin: Samstag, 13. Mai

Typ C: Verlängerte Wochenenden

- Potentielle Termine: Tag der Arbeit (Samstag, 29. April bis Montag, 1. Mai), Himmelfahrt (Donnerstag, 1. Juni bis Sonntag, 4. Juni), Pfingsten (Samstag, 10. Juni bis Montag, 12. Juni), Fronleichnam (Donnerstag, 22. Juni bis Sonntag, 25. Juni)
- Davon ausgeschlossene Termine: Tag der Arbeit zu früh in der Saison (Witterung) Fronleichnam am Schulferienanfang

- Auswahltermin: Himmelfahrt längster übriger Zeitraum, daher hier 2 Termine: Donnerstag, 1. Juni (Beginn) und Samstag, 3. Juni (Mitte)

Typ D: Werktage innerhalb der Sommer-Schulferien

- Vermutung: homogener Zeitraum
- Auswahl: Dienstag, 25. Juli

Typ E: Wochenenden innerhalb der Sommer-Schulferien

- Vermutung: Durch Erfüllung zweier Voraussetzungen (Sommer-Schulferientag und Wochenende) hohes Probandenaufkommen
- Zwei Termine: Sonntag, 2. Juli und Freitag, 28. Juli

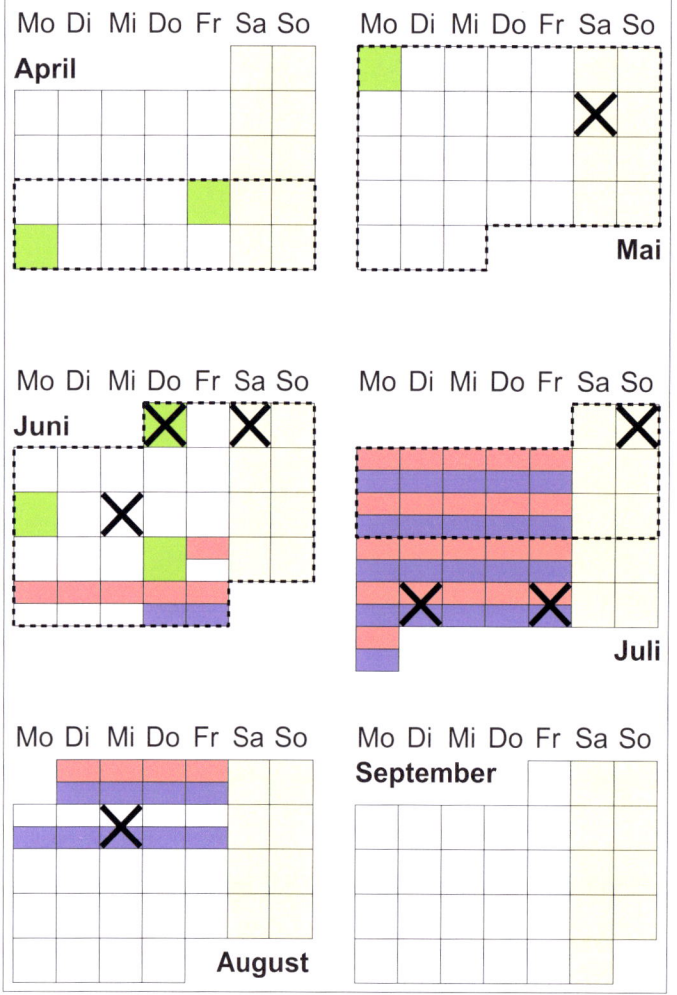

Übersicht der Erhebungstermine

3.2.2   Erhebungsorte

Die Auswahl der Erhebungsorte hat wesentliche Bedeutung vor allem für die Repräsentativität und somit Akzeptanz der Studie. Gleichzeitig stellt sie jedoch einen Kompromiß dar gegenüber Ressourcenknappheit und Organisationsaufwand dar, die eine möglichst geringe Anzahl verlangen.

3.2.2.1   Definition

Die Erhebungsorte sind die punktartigen, präzise festgelegten und ausschließlichen Stellen, an denen gezählt und befragt wird.

3.2.2.2   Anforderungen

Nachdem festgelegt wurde, daß sowohl die Zählungen wie auch die Befragungen gleichzeitig durchzuführen sind, müssen nun Punkte auf dem Lahnradweg beziehungsweise an der Lahn gefunden werden, die dies ermöglichen. Die Erhebungsorte sollen ferner folgenden Aspekten genügen:

- Repräsentativität

  Aus den an den Erhebungsorten gewonnenen Daten soll gerade bei den Zählungen auf die Grundgesamtheit geschlossen werden können. Dies soll erreicht werden, indem die einzelnen Punkte möglichst zwischen den angenommenen, am häufigsten genutzten Etappen der Rad- und Bootwanderer liegen.

  Als Hauptetappenziele werden bei Radwanderern Marburg, Gießen, Wetzlar, Weilburg und Limburg angenommen. Da der Anteil der Pauschalreisenden an den Bootwanderern sehr hoch eingeschätzt wird[46], kann man sich bei der Auswahl nach den wichtigsten Start- oder Endpunkten für solche Reisen richten[47]: Weimar-Roth, Lahnau-Dorlar, Solms-Schohleck, Weinbach-Fürfurt und Runkel.

---

[46] Kruse 2000 und Girsig 1999
[47] Kruse 2000 und Auswertung von Informationsbroschüren der Bootverleiher

Schleusenbetrieb[48]

- Erhebungsvereinfachung
  Die gewählten Orte sollten die quantitative Erfassung erleichtern, also zum Beispiel an nur in geringem Tempo nutzbaren Streckenabschnitten liegen. Betreffend die Lahn können dies vorzugsweise Schleusen sein; bei Rad- und Bootwanderern sind auch Rastplätze geeignet (Geschwindigkeitsminderung).

- Personalunterstützung
  Eine möglichst gute Ver- und Entsorgungssituation (Einkaufs- oder Speisemöglichkeit, Toiletten) für das Erhebungspersonal erleichtert diesem die immerhin achtstündige Arbeit und kann die Motivation positiv beeinflussen (Attraktivität).

3.2.2.3 Ausschlußkriterien

Eine unbedingte Notwendigkeit stellt die Anbindung des Erhebungsortes an den ÖPNV dar. Da sich das Personal aus Studenten zusammensetzen wird und diese den ÖPNV im Untersuchungsgebiet kostenlos nutzen können sowie auf damit zurückgelegten Wegen aufgrund des Veranstaltungscharakters des Projektes unfallversichert sind, müssen die gewählten Erhebungsorte über eine zumutbare[49] Bus- oder Bahnanbindung verfügen, wobei einer Bahnanbindung der Vorzug gegeben wird.

Die Erhebung bei Bootwanderern ist wegen der Regelungen des LSG Auenverbund Lahn-Dill-Ohm nur an Ein- und Ausstiegsstellen sowie Rastplätzen möglich, da nur hier eine legale Haltemöglichkeit besteht. Zusätzlich kommen jedoch die Schleusen hinzu, deren Nutzung ebenfalls statthaft ist[50].

---

[48] bei Villmar, 01.06.2000
[49] Nach Rücksprache mit den Projektdurchführenden wird eine Entfernung von 2 km fußläufig als zumutbar angenommen.
[50] Spehr 2000

3.2.2.4 Auswahl

Die theoretisch unendliche Menge an möglichen Erhebungsorten wird zwecks Verfahrensvereinfachung im Vorfeld auf die Schnittpunkte des Lahnradwegs oder der Lahn mit Ortslagen beschränkt. Desweiteren wurden während einer Befahrung[51] geeignete Stellen in den Ortslagen ausgemacht.

Die endgültige Auswahl unter Berücksichtigung der oben angesprochenen Punkte anhand einer Auswahlmatrix und Einbeziehung der Verfahrensbeteiligten führt zu dem folgendem Ergebnis, daß als ausreichend jeweils fünf Erhebungsorte für Rad- beziehungsweise Bootwanderer angesehen werden.

---

[51] Das gesamte hessische Lahntal wurde vom Verfasser im März 2000 hinsichtlich geeigneter Erhebungsorte untersucht; dabei wurden die Orte, die eines der geforderten Kriterien besonders gut erfüllen, ausgewählt.

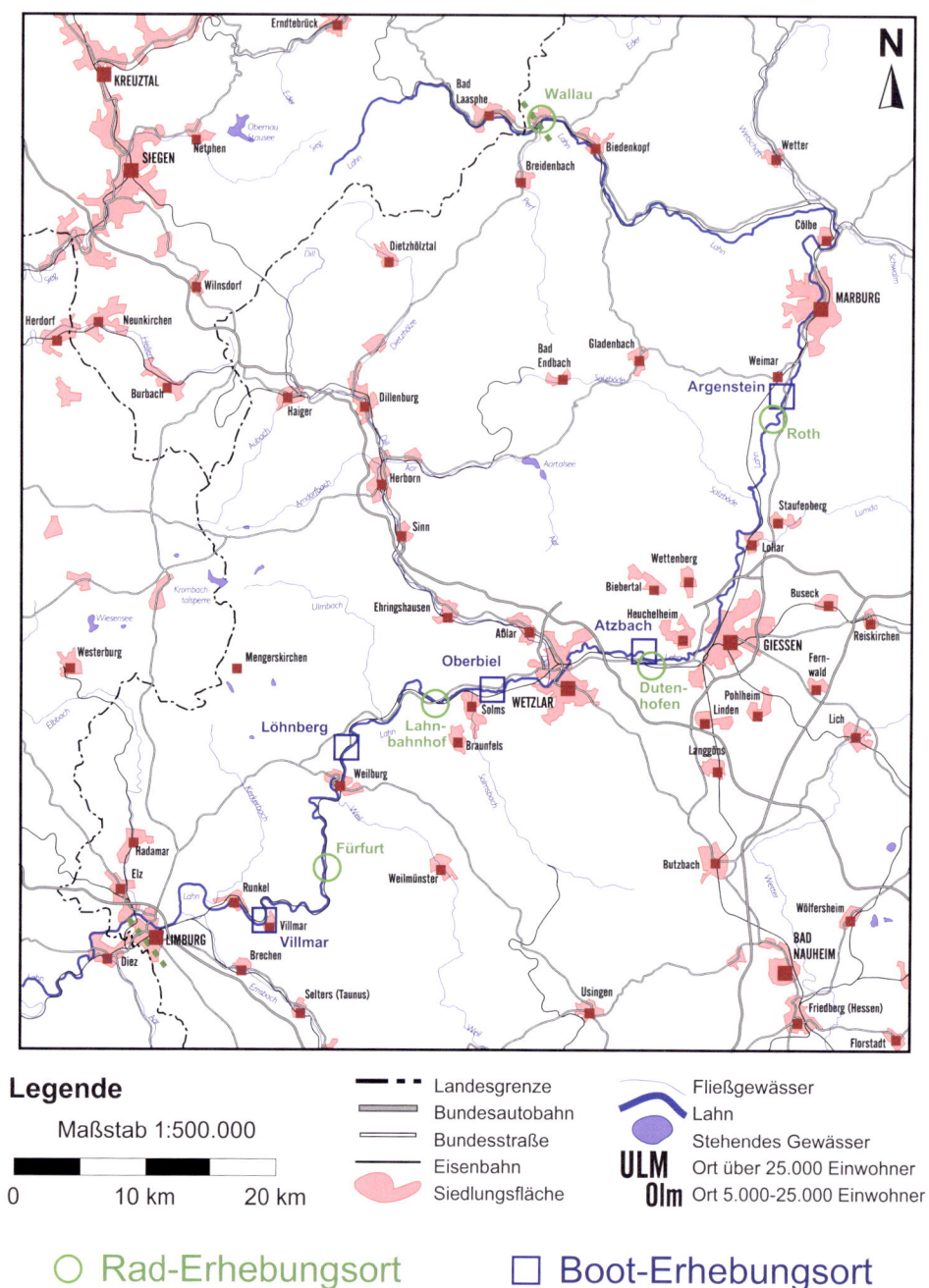

Legende

Maßstab 1:500.000

0   10 km   20 km

▬ ▪ ▬ Landesgrenze	Fließgewässer
═══ Bundesautobahn	Lahn
═══ Bundesstraße	Stehendes Gewässer
─── Eisenbahn	**ULM** Ort über 25.000 Einwohner
Siedlungsfläche	**Olm** Ort 5.000-25.000 Einwohner

○ Rad-Erhebungsort   □ Boot-Erhebungsort

Erhebungsorte im Untersuchungsgebiet

Die Erhebungsorte im einzelnen:

R1: Wallau

1. Übersichtskarte

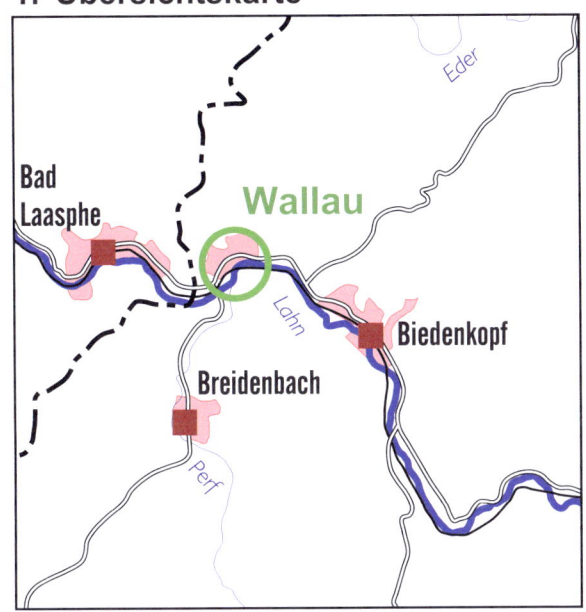

Maßstab 1:200.000

0   4 km   8 km

ÖPNV:
Obere Lahntalbahn Marburg-Bad Laasphe
Bahnhof Wallau (Lahn)

2. Detailkarte

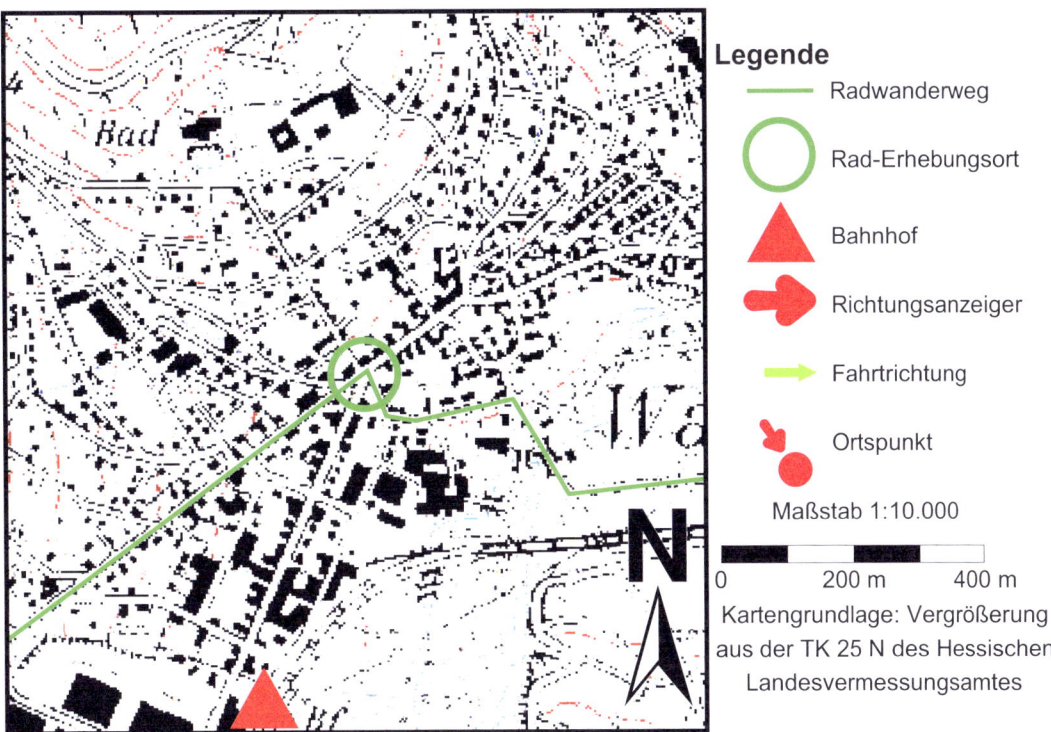

Legende

— Radwanderweg

◯ Rad-Erhebungsort

▲ Bahnhof

Richtungsanzeiger

→ Fahrtrichtung

Ortspunkt

Maßstab 1:10.000

0   200 m   400 m

Kartengrundlage: Vergrößerung
aus der TK 25 N des Hessischen
Landesvermessungsamtes

3. Situationsbild

Blickrichtung Südost: Der Radwanderweg führt über die Kreuzung links am Imbiß vorbei und passiert danach einen Parkplatz. Auf diesem wird die Erhebungsstelle eingerichtet.

4. Details

Kommune	35216 Biedenkopf
Landkreis	Marburg-Biedenkopf
Wegkilometer	24,8
Etappe	Quelle bis Marburg
Etappenlänge	67,8 km
Distanz zum Etappenbeginn	24,8 km
Distanz zum Etappenende	43,0 km
Distanz zum vorigen E.-Ort	-
Distanz zum nächsten E.-Ort	53,8 km
ÖPNV-Anschluß	DB AG in 0,6 km
Geschwindigkeitsminderung	Kreuzung mit Ampel an stark befahrener Straße
Attraktivitätsfaktor	Imbiß
Anmerkungen	-

R2: Roth

1. Übersichtskarte

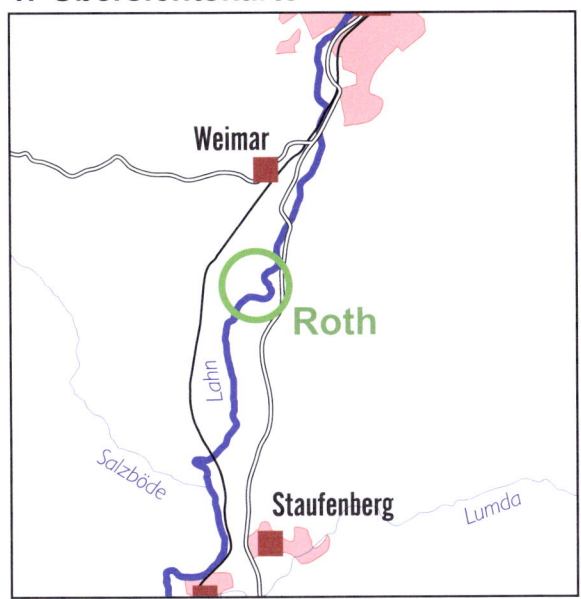

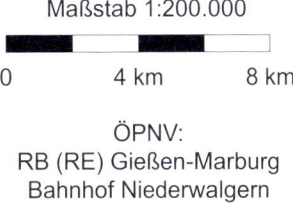

Maßstab 1:200.000

0   4 km   8 km

ÖPNV:
RB (RE) Gießen-Marburg
Bahnhof Niederwalgern

2. Detailkarte

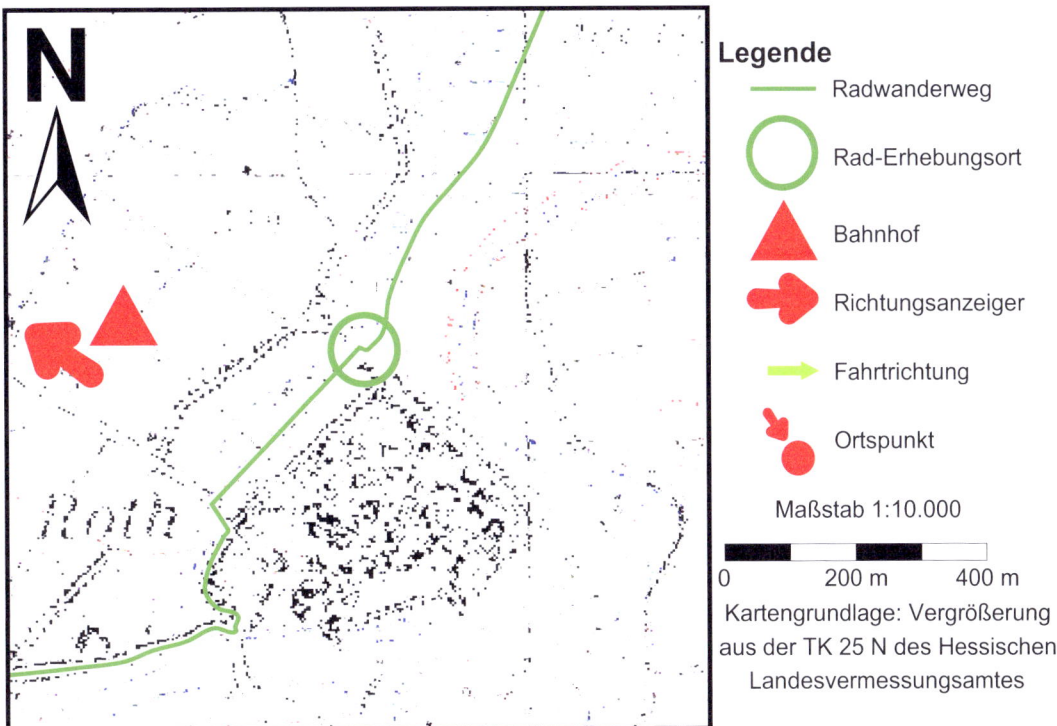

Legende

—— Radwanderweg

○ Rad-Erhebungsort

▲ Bahnhof

➤ Richtungsanzeiger

→ Fahrtrichtung

Ortspunkt

Maßstab 1:10.000

0   200 m   400 m

Kartengrundlage: Vergrößerung
aus der TK 25 N des Hessischen
Landesvermessungsamtes

3. Situationsbild

Blickrichtung Südost: Der Radwanderweg überquert am Ortseingang die Kreisstraße. Auf der südlichen Straßenseite neben der Scheune wird der Erhebungsort eingerichtet.

4. Details

Kommune	35096 Weimar
Landkreis	Marburg-Biedenkopf
Wegkilometer	78,6
Etappe	Marburg bis Gießen
Etappenlänge	32,5 km
Distanz zum Etappenbeginn	10,8 km
Distanz zum Etappenende	21,7 km
Distanz zum vorigen E.-Ort	53,8 km
Distanz zum nächsten E.-Ort	27,9 km
ÖPNV-Anschluß	DB AG in 2 km
Geschwindigkeitsminderung	Kreuzung mit Straße, Wanderweg verschlägt
Attraktivitätsfaktor	-
Anmerkungen	Der Kreisstraße Richtung Argenstein 30 Meter folgend befindet sich der Sitz der Firma Lahntours.

R3: Dutenhofen

1. Übersichtskarte

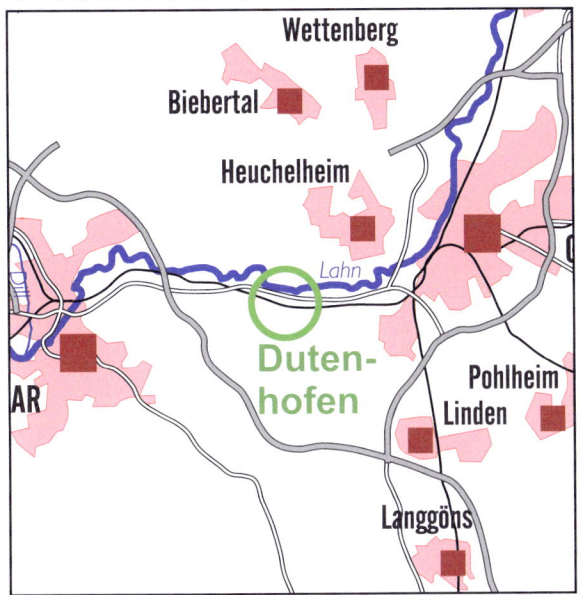

Maßstab 1:200.000

0   4 km   8 km

ÖPNV:
RB Gießen-Dillenburg
Bahnhof Dutenhofen

2. Detailkarte

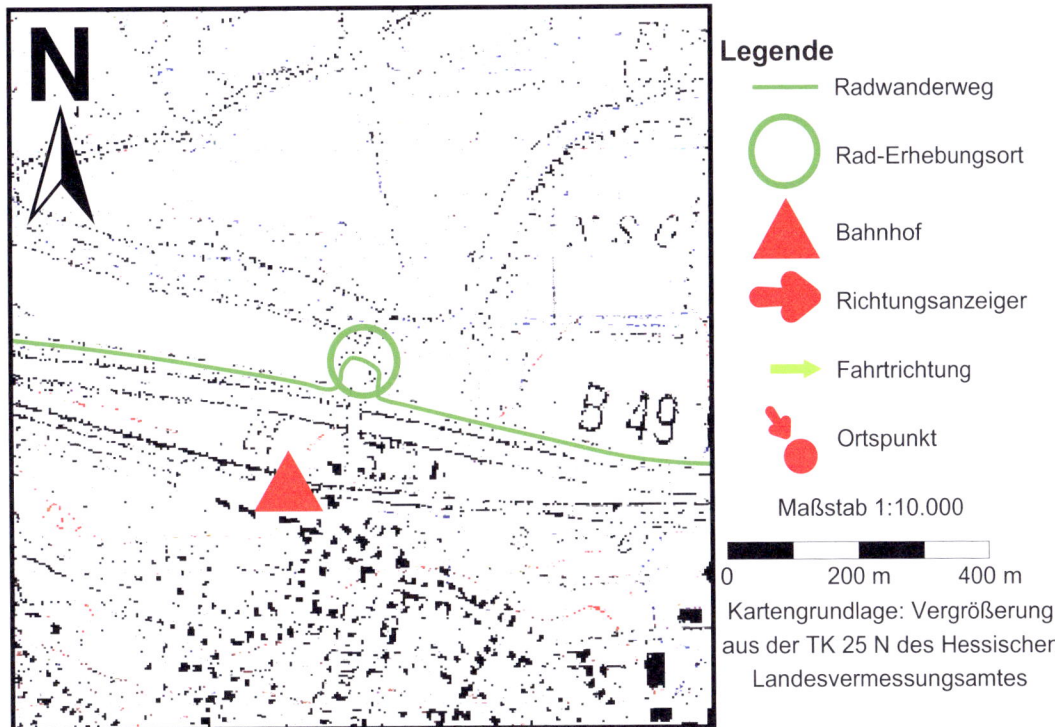

Legende

——— Radwanderweg

◯ Rad-Erhebungsort

▲ Bahnhof

Richtungsanzeiger

⟶ Fahrtrichtung

Ortspunkt

Maßstab 1:10.000

0   200 m   400 m

Kartengrundlage: Vergrößerung
aus der TK 25 N des Hessischen
Landesvermessungsamtes

3. Situationsbild

nach Dutenhofen

Blickrichtung Nord: Der Radwanderweg kreuzt den Verbindungsweg zwischen Dutenhofen und Lahnau-Atzbach. Erhebungsort ist die Kreuzung selbst.

4. Details

Kommune	35582 Wetzlar
Landkreis	Lahn-Dill
Wegkilometer	106,5
Etappe	Gießen bis Wetzlar
Etappenlänge	16,7 km
Distanz zum Etappenbeginn	6,7 km
Distanz zum Etappenende	10,5 km
Distanz zum vorigen E.-Ort	27,9 km
Distanz zum nächsten E.-Ort	21,9 km
ÖPNV-Anschluß	DB AG in 0,2 km
Geschwindigkeitsminderung	Kreuzung mit Straße, unübersichtliche Wegbeschilderung
Attraktivitätsfaktor	Am Bahnhof befindet sich ein Imbiß.
Anmerkungen	Von Atzbach vereinigt sich hier der Hessische Fernradweg R7 mit dem Lahnradweg; zu zählen sind jedoch nur die Nutzer der eingezeichneten Route!

R4: Lahnbahnhof

1. Übersichtskarte

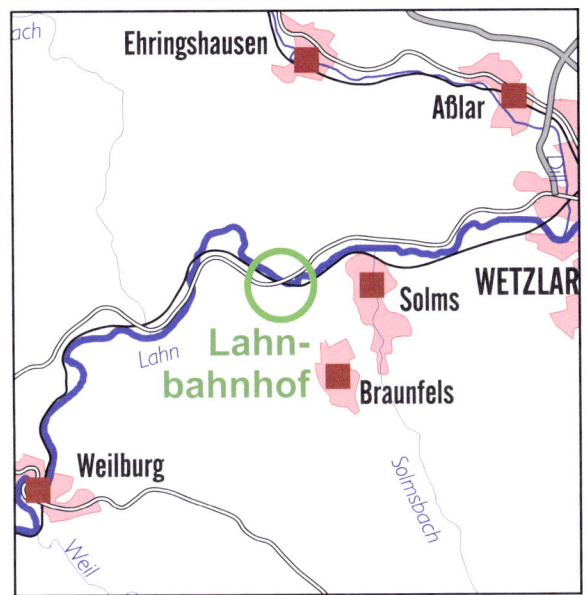

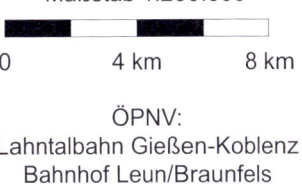

Maßstab 1:200.000

0   4 km   8 km

ÖPNV:
Lahntalbahn Gießen-Koblenz
Bahnhof Leun/Braunfels

2. Detailkarte

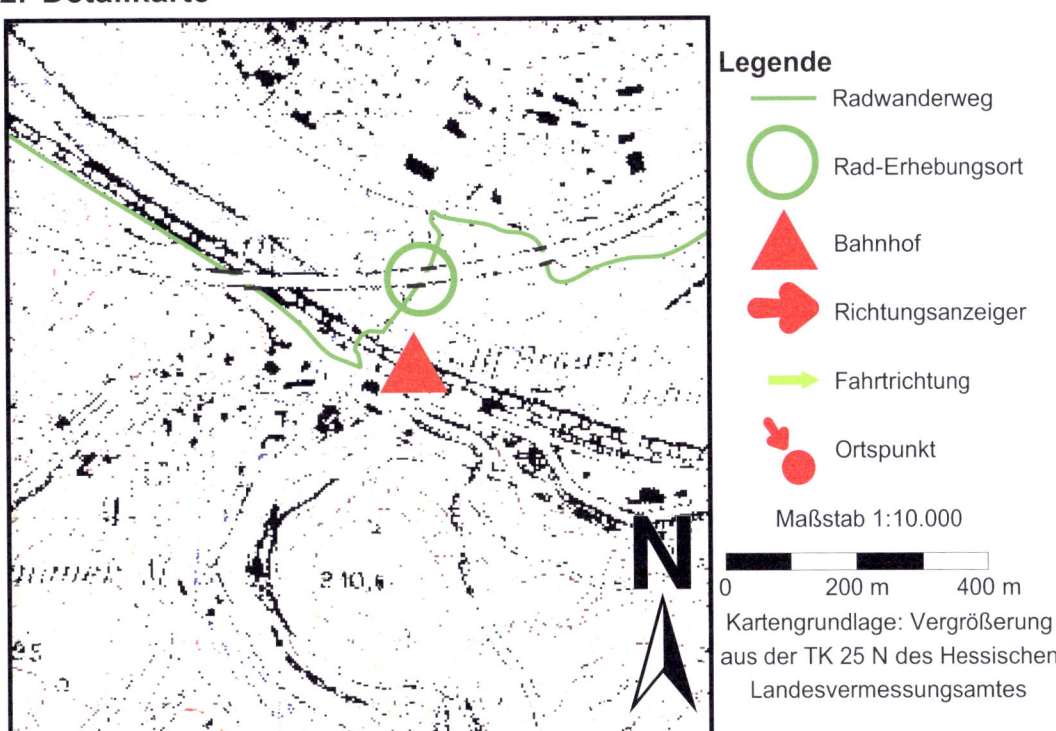

Legende

— Radwanderweg

○ Rad-Erhebungsort

▲ Bahnhof

Richtungsanzeiger

→ Fahrtrichtung

Ortspunkt

Maßstab 1:10.000

0   200 m   400 m

Kartengrundlage: Vergrößerung
aus der TK 25 N des Hessischen
Landesvermessungsamtes

3. Situationsbild

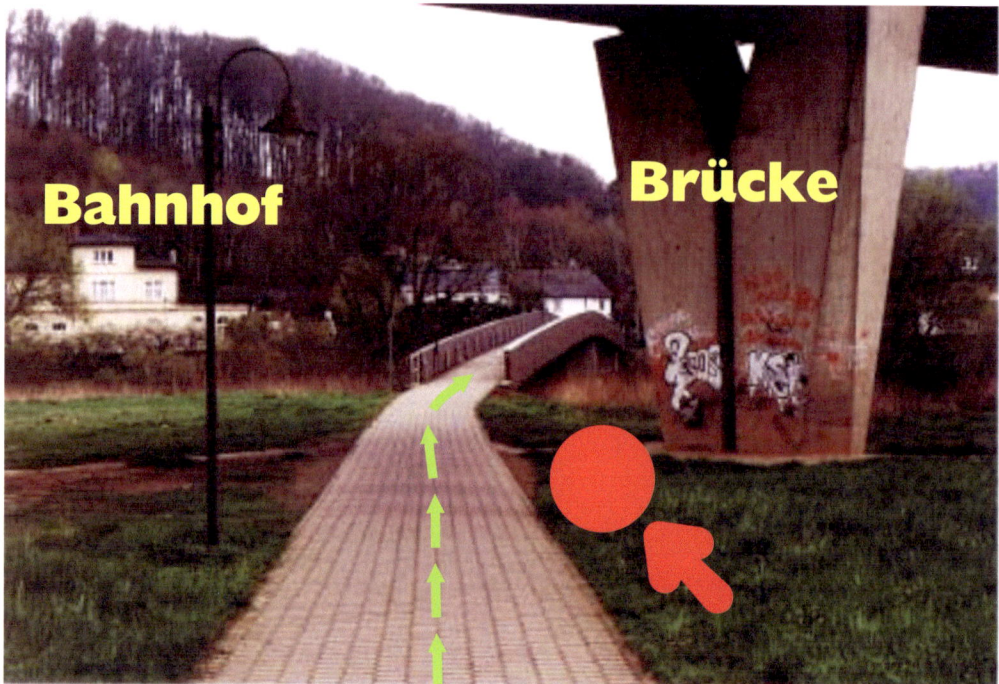

Blickrichtung Süd: Der Erhebungsort befindet sich direkt unter der Brücke der B49 am Brückenpfeiler.

4. Details

Kommune	35638 Leun
Landkreis	Lahn-Dill
Wegkilometer	128,4
Etappe	Wetzlar bis Weilburg
Etappenlänge	27,3 km
Distanz zum Etappenbeginn	11,4 km
Distanz zum Etappenende	15,9 km
Distanz zum vorigen E.-Ort	21,9 km
Distanz zum nächsten E.-Ort	25,5 km
ÖPNV-Anschluß	DB AG in 0,2 km
Geschwindigkeitsminderung	Fahrbahnverengung durch schmale Brücke
Attraktivitätsfaktor	Lebensmittelgeschäft in unmittelbarer Nähe
Anmerkungen	Der von Osten kommende Fahrstreifen, oft als Abkürzung genutzt, trifft hier wieder auf die Hauptstrecke. Zu zählen sind alle die Brücke passierenden Radfahrer.

R5: Fürfurt

1. Übersichtskarte

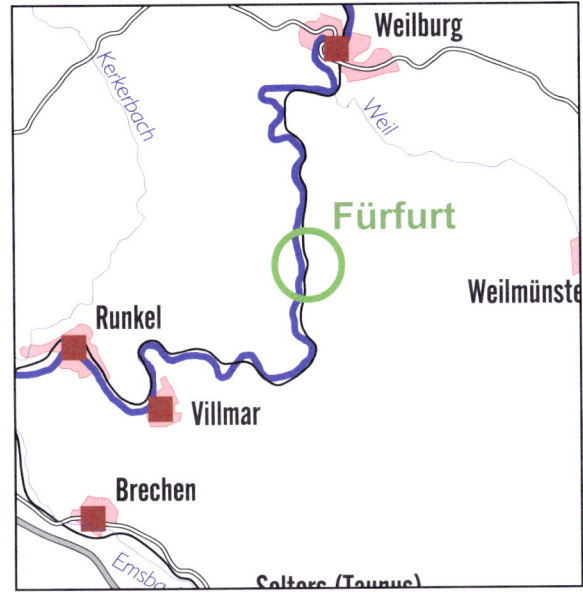

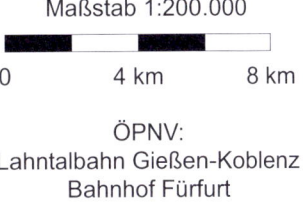

Maßstab 1:200.000

0   4 km   8 km

ÖPNV:
Lahntalbahn Gießen-Koblenz
Bahnhof Fürfurt

2. Detailkarte

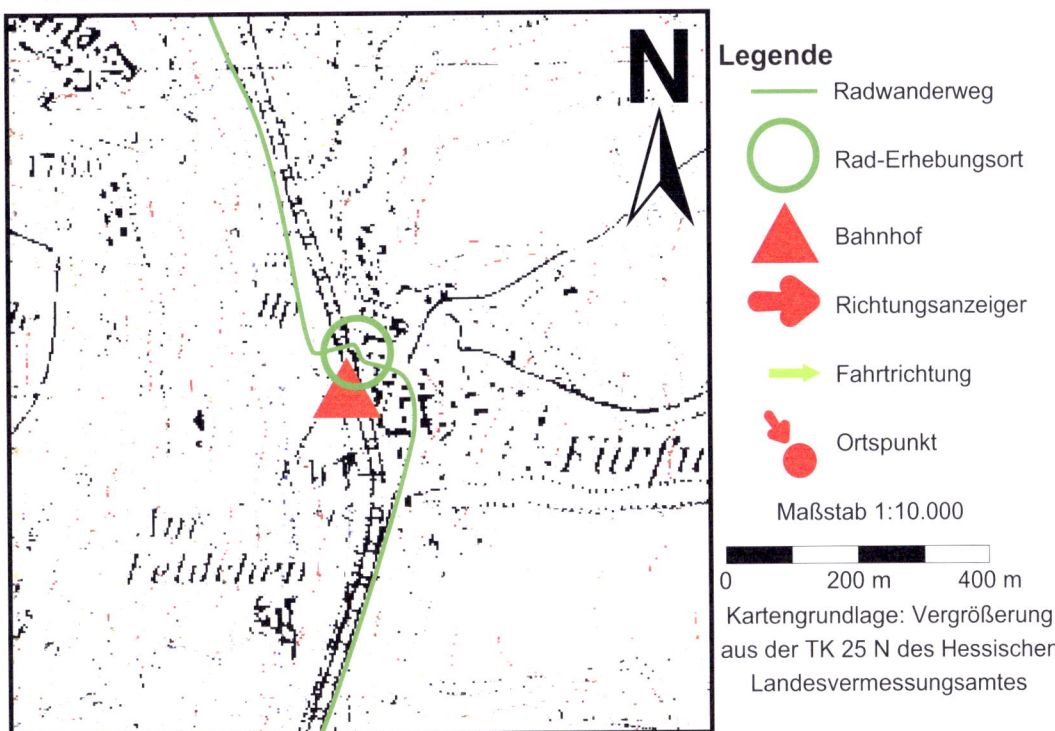

Legende

— Radwanderweg

◯ Rad-Erhebungsort

▲ Bahnhof

➤ Richtungsanzeiger

→ Fahrtrichtung

Ortspunkt

Maßstab 1:10.000

0   200 m   400 m

Kartengrundlage: Vergrößerung
aus der TK 25 N des Hessischen
Landesvermessungsamtes

3. Situationsbild

Blickrichtung Ost: Nachdem der Radwanderweg die Bahnschienen überquert hat, passiert er zwei Biergärten und tritt in die Ortslage Fürfurt ein. Erhoben werden soll auf der Straße zwischen den Biergärten.

4. Details

Kommune	35796 Weinbach
Landkreis	Limburg-Weilburg
Wegkilometer	153,9
Etappe	Weilburg bis Limburg
Etappenlänge	33,5 km
Distanz zum Etappenbeginn	9,6 km
Distanz zum Etappenende	23,9 km
Distanz zum vorigen E.-Ort	25,5 km
Distanz zum nächsten E.-Ort	-
ÖPNV-Anschluß	DB AG in 0,1 km
Geschwindigkeitsminderung	Bahnübergang, Ortslage
Attraktivitätsfaktor	Gartenwirtschaften
Anmerkungen	-

B1: Argenstein

1. Übersichtskarte

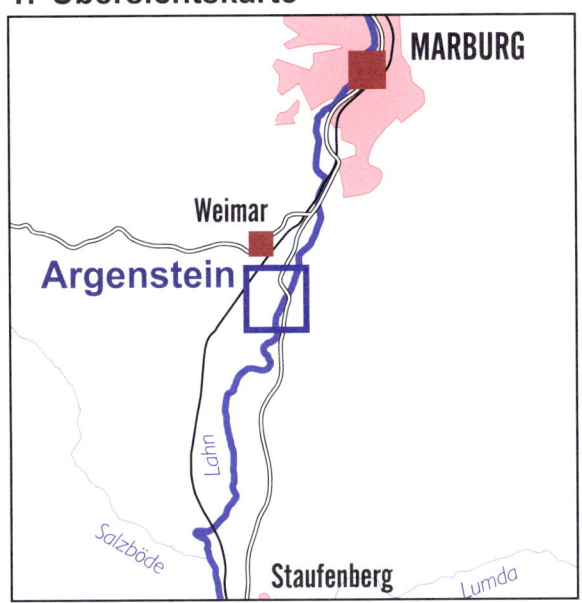

Maßstab 1:200.000

0   4 km   8 km

ÖPNV:
RB Gießen-Marburg
Bahnhof Niederweimar

2. Detailkarte

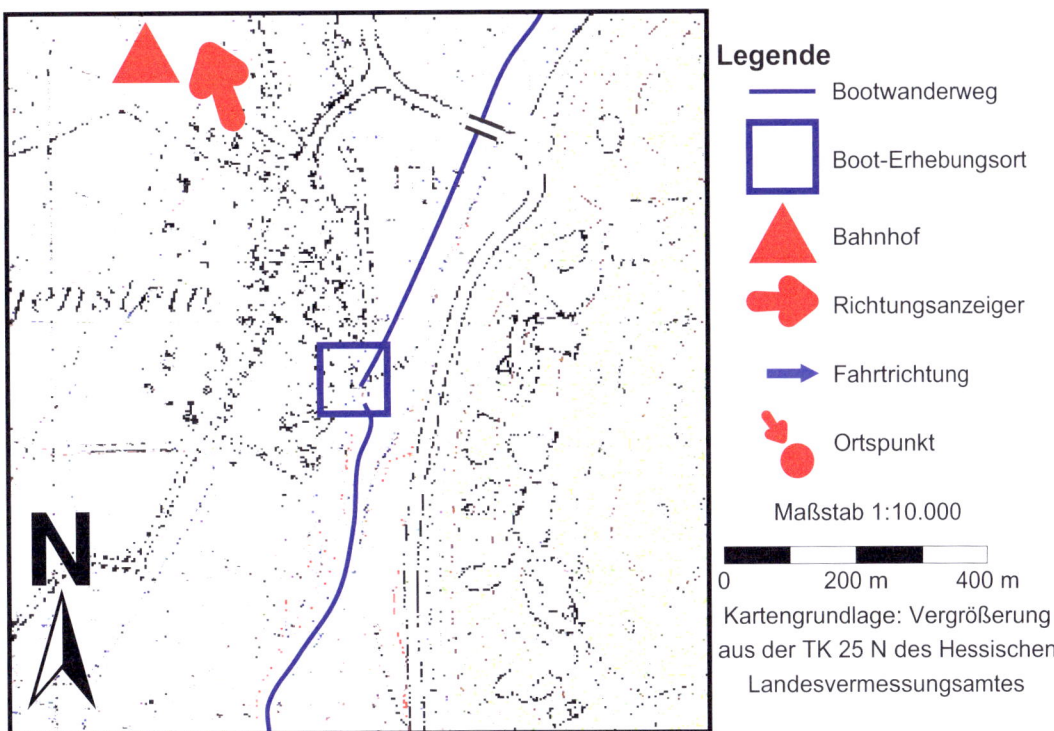

Legend

———	Bootwanderweg
☐	Boot-Erhebungsort
▲	Bahnhof
➤	Richtungsanzeiger
→	Fahrtrichtung
●	Ortspunkt

Maßstab 1:10.000

0   200 m   400 m

Kartengrundlage: Vergrößerung
aus der TK 25 N des Hessischen
Landesvermessungsamtes

3. Situationsbild

Blickrichtung Nordost: Lahnabwärts fahrend, landen die Bootwanderer an der Mühleninsel an, um die Boot zu umtragen. Der Erhebungsort befindet sich auf der Mühleninsel.

4. Details

Kommune	35096 Weimar
Landkreis	Marburg-Biedenkopf
Wegkilometer	-28,9
Etappe	Marburg bis Gießen
Etappenlänge	32,6 km
Distanz zum Etappenbeginn	8,9 km
Distanz zum Etappenende	23,7 km
Distanz zum vorigen E.-Ort	-
Distanz zum nächsten E.-Ort	31,6 km
ÖPNV-Anschluß	DB AG in 2 km
Geschwindigkeitsminderung	Umtragenotwendigkeit wegen Wehr
Attraktivitätsfaktor	Rastmöglichkeit
Anmerkungen	Das Gelände befindet sich in Privatbesitz; es handelt sich nicht um einen Rastplatz im Sinne des LSG.

B2: Atzbach

1. Übersichtskarte

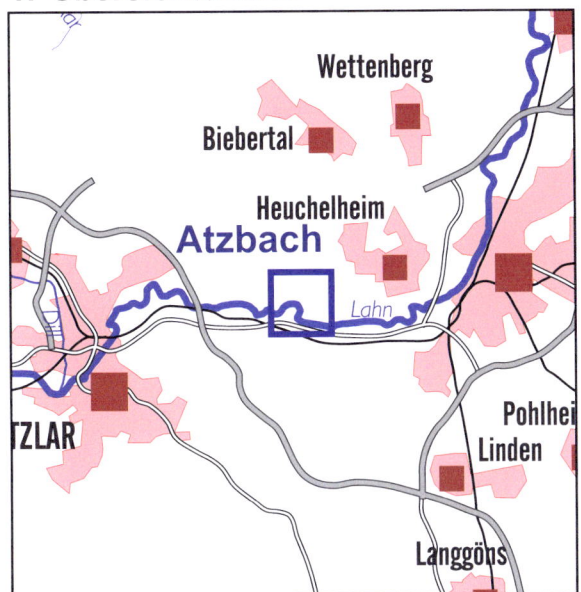

Maßstab 1:200.000

0   4 km   8 km

ÖPNV:
RB Gießen-Dillenburg
Bahnhof Dutenhofen

2. Detailkarte

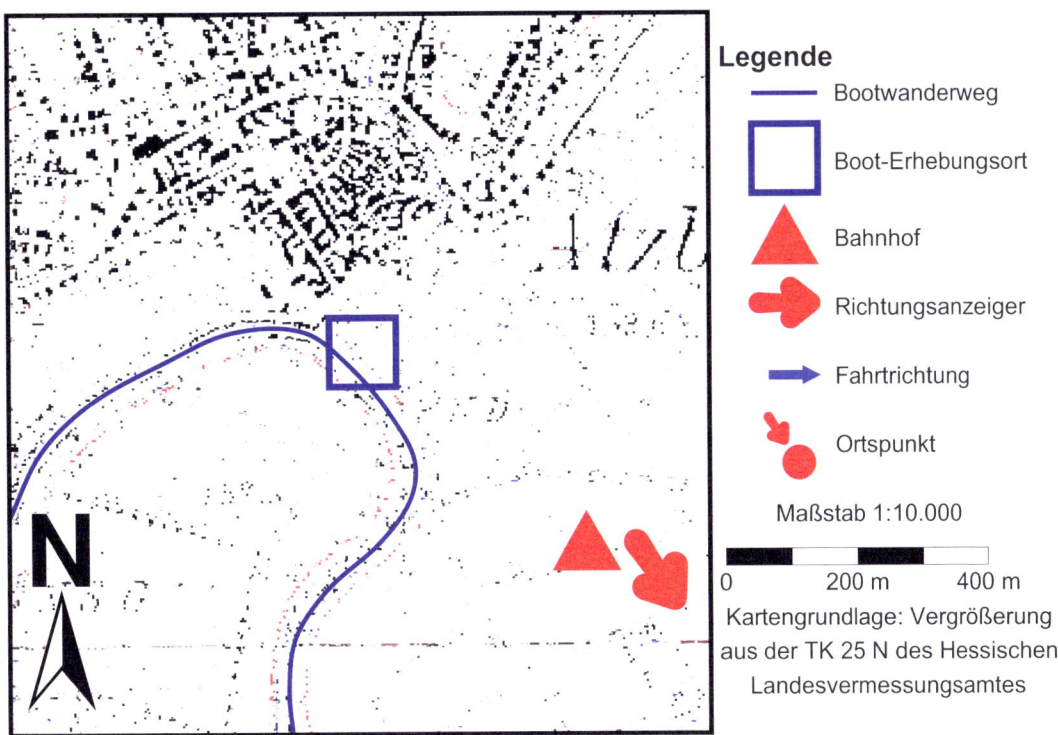

Legende

——	Bootwanderweg
▢	Boot-Erhebungsort
▲	Bahnhof
→	Richtungsanzeiger
→	Fahrtrichtung
↘	Ortspunkt

Maßstab 1:10.000

0   200 m   400 m

Kartengrundlage: Vergrößerung
aus der TK 25 N des Hessischen
Landesvermessungsamtes

3. Situationsbild

Blickrichtung Südost: Der Rastplatz dient als Erhebungsort.

4. Details

Kommune	35633 Lahnau
Landkreis	Lahn-Dill
Wegkilometer	2,7
Etappe	Gießen bis Wetzlar
Etappenlänge	17 km
Distanz zum Etappenbeginn	7,9 km
Distanz zum Etappenende	9,1 km
Distanz zum vorigen E.-Ort	31,6 km
Distanz zum nächsten E.-Ort	16,6 km
ÖPNV-Anschluß	DB AG in 1,5 km
Geschwindigkeitsminderung	-
Attraktivitätsfaktor	Rastplatz
Anmerkungen	Die nächste Ein- und Ausstiegsstelle im Sinne des LSG befindet sich in 3 km Entfernung.

B3: Oberbiel

1. Übersichtskarte

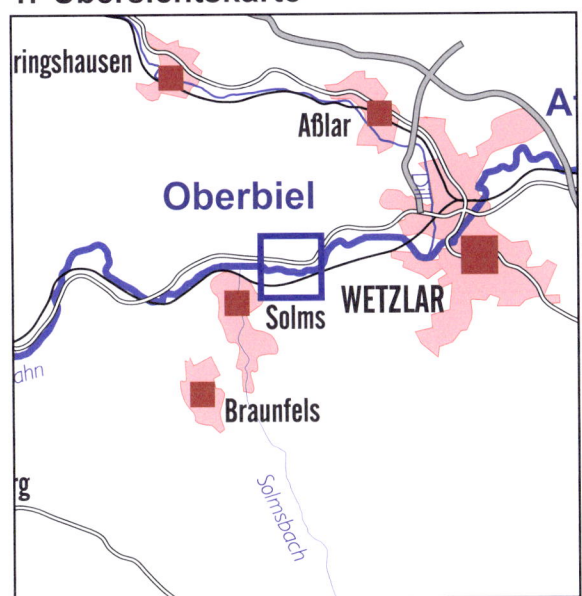

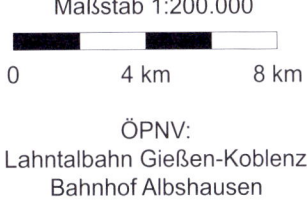

Maßstab 1:200.000

0   4 km   8 km

ÖPNV:
Lahntalbahn Gießen-Koblenz
Bahnhof Albshausen

2. Detailkarte

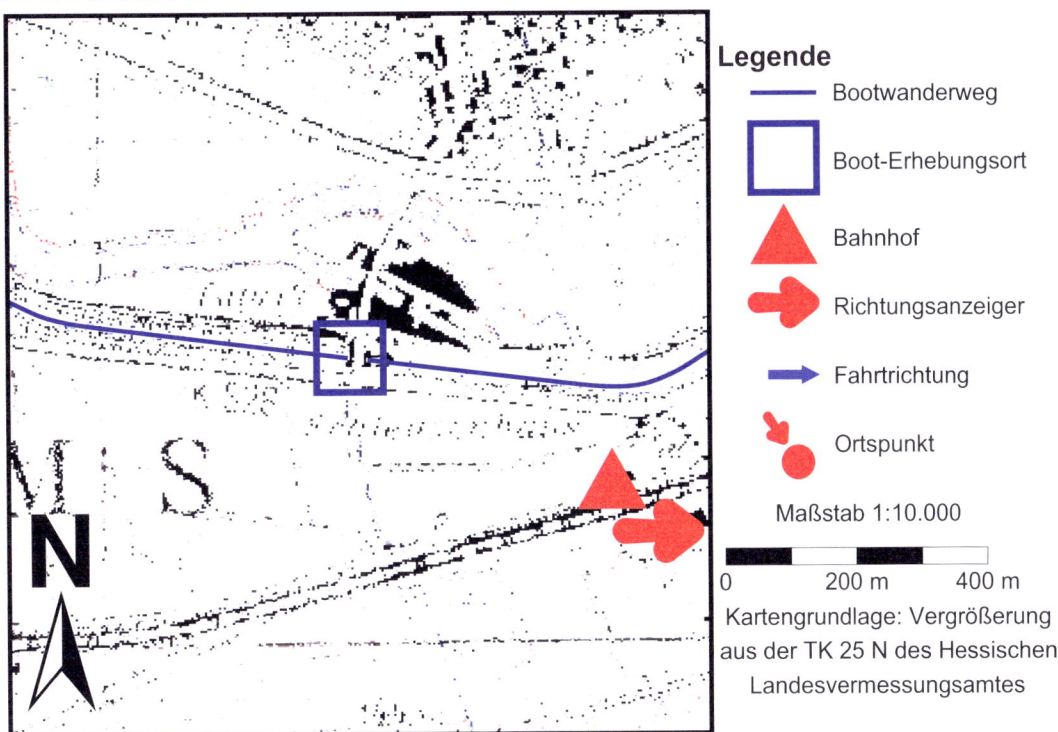

Legende

— Bootwanderweg

☐ Boot-Erhebungsort

▲ Bahnhof

➡ Richtungsanzeiger

→ Fahrtrichtung

Ortspunkt

Maßstab 1:10.000

0   200 m   400 m

Kartengrundlage: Vergrößerung
aus der TK 25 N des Hessischen
Landesvermessungsamtes

3. Situationsbild

**Blickrichtung Südwest: Auf der südlichen Seite des Schleusenkanals, direkt talwärts der
Schleuse (zugehörige Brücke links im Bild), befindet sich eine Ein- und Ausstiegsstelle. Hier
soll erhoben werden.**

4. Details

Kommune	35606 Solms
Landkreis	Lahn-Dill
Wegkilometer	19,3
Etappe	Wetzlar bis Schohleck
Etappenlänge	11,3 km
Distanz zum Etappenbeginn	7,5 km
Distanz zum Etappenende	3,8 km
Distanz zum vorigen E.-Ort	16,6 km
Distanz zum nächsten E.-Ort	16,9 km
ÖPNV-Anschluß	DB AG in 0,6 km
Geschwindigkeitsminderung	Schleuse
Attraktivitätsfaktor	Ein- und Ausstiegsstelle mit Rastplatz
Anmerkungen	In ca. 1 km Entfernung befindet sich noch eine Schleuse.

B4: Löhnberg

1. Übersichtskarte

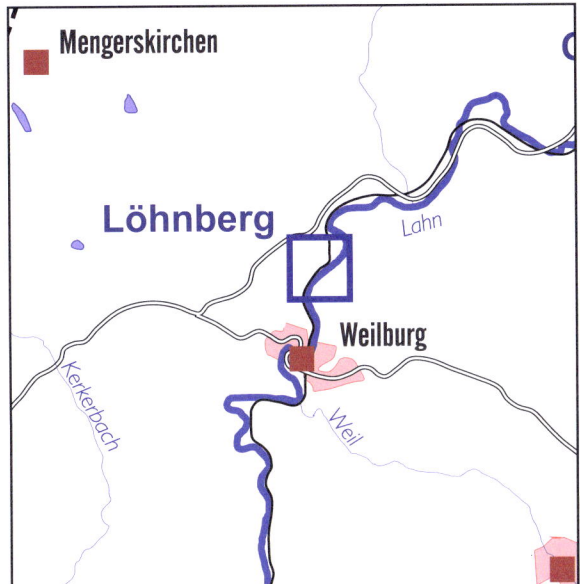

Maßstab 1:200.000

0   4 km   8 km

ÖPNV:
Lahntalbahn Gießen-Koblenz
Bahnhof Löhnberg

2. Detailkarte

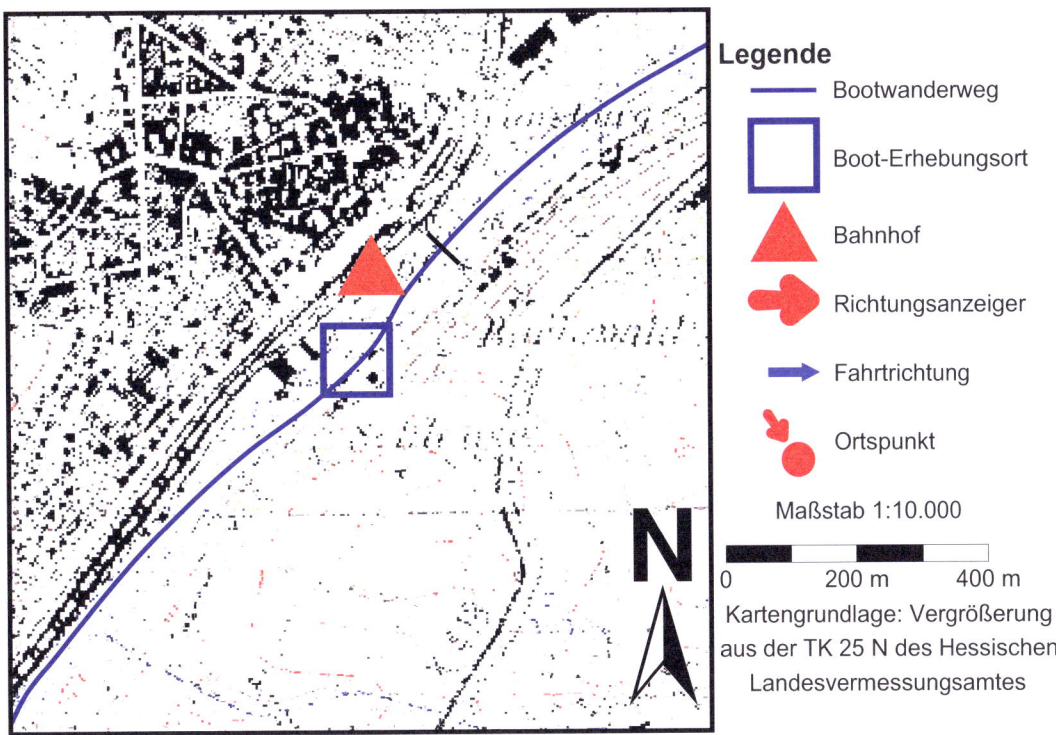

Legende

— Bootwanderweg

□ Boot-Erhebungsort

▲ Bahnhof

➡ Richtungsanzeiger

→ Fahrtrichtung

● Ortspunkt

Maßstab 1:10.000

0   200 m   400 m

Kartengrundlage: Vergrößerung
aus der TK 25 N des Hessischen
Landesvermessungsamtes

3. Situationsbild

Blickrichtung Süd: Der Erhebungsort liegt auf der Schleuseninsel in der Bildmitte. Rechts strebt die Lahn einem Wehr zu, links befindet sich ein Imbiß.

4. Details

Kommune	35792 Löhnberg
Landkreis	Limburg-Weilburg
Wegkilometer	36,2
Etappe	Schohleck bis Fürfurt
Etappenlänge	27,6 km
Distanz zum Etappenbeginn	13,1 km
Distanz zum Etappenende	14,5 km
Distanz zum vorigen E.-Ort	16,9 km
Distanz zum nächsten E.-Ort	26,3 km
ÖPNV-Anschluß	DB AG in 0,6 km
Geschwindigkeitsminderung	Schleuse
Attraktivitätsfaktor	Imbiß
Anmerkungen	Oberhalb des Wehres am rechten Lahnufer liegt die Ein- und Ausstiegsstelle Löhnberg-Bahnhof.

B5: Villmar

1. Übersichtskarte

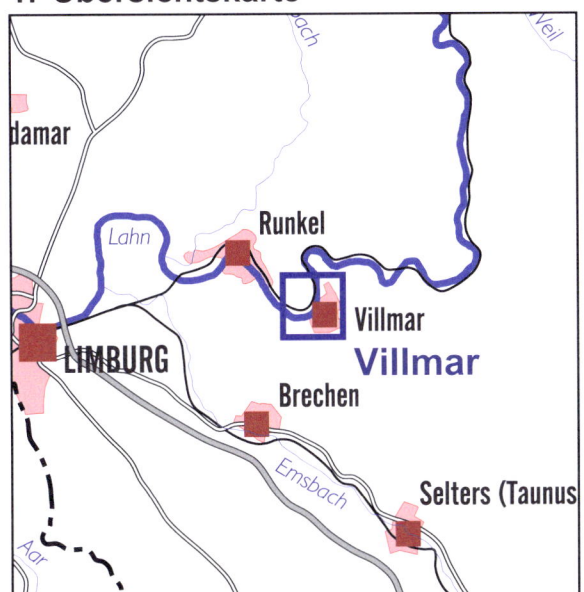

0   4 km   8 km

ÖPNV:
Lahntalbahn Gießen-Koblenz
Bahnhof Villmar

2. Detailkarte

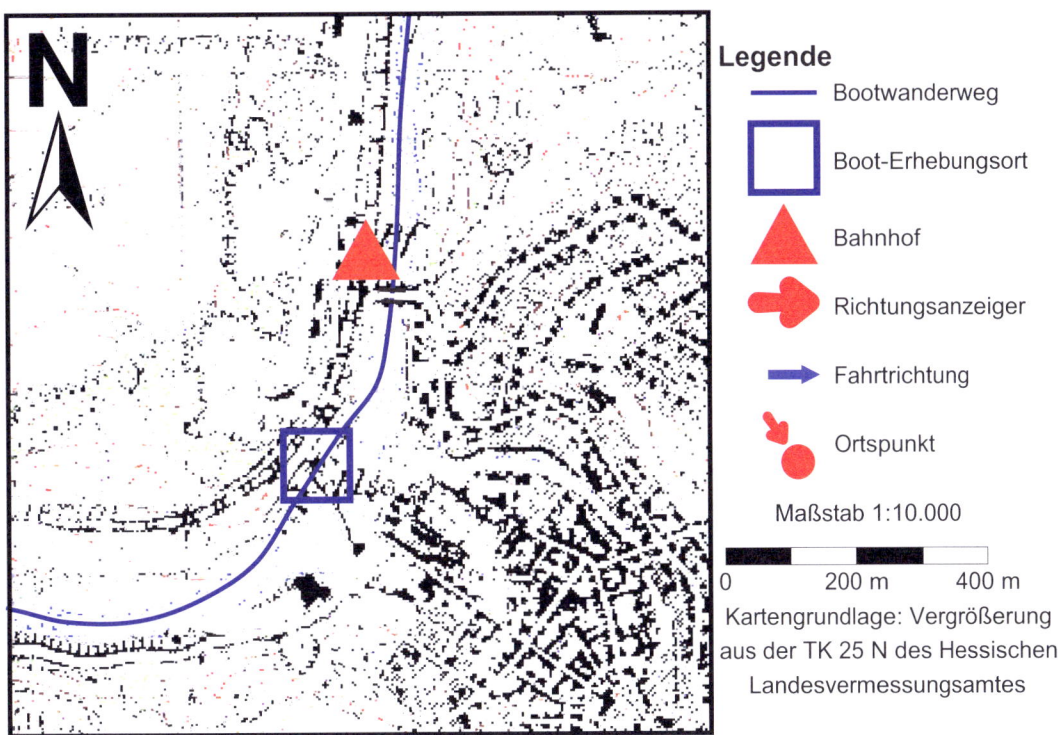

Legende

—— Bootwanderweg

☐ Boot-Erhebungsort

▲ Bahnhof

Richtungsanzeiger

→ Fahrtrichtung

Ortspunkt

Maßstab 1:10.000

0   200 m   400 m

Kartengrundlage: Vergrößerung
aus der TK 25 N des Hessischen
Landesvermessungsamtes

3. Situationsbild

Blickrichtung Süd: Erhoben werden soll im Schleusenbereich.

4. Details

Kommune	65606 Villmar
Landkreis	Limburg-Weilburg
Wegkilometer	62,5
Etappe	Fürfurt bis Limburg
Etappenlänge	25,5 km
Distanz zum Etappenbeginn	11,8 km
Distanz zum Etappenende	13,7 km
Distanz zum vorigen E.-Ort	26,3 km
Distanz zum nächsten E.-Ort	-
ÖPNV-Anschluß	DB AG in 0,3 km
Geschwindigkeitsminderung	Schleuse
Attraktivitätsfaktor	-
Anmerkungen	Am gegenüberliegenden Lahnufer oberhalb des Wehres befindet sich die Ein-und Ausstiegsstelle Villmar-Boots-Slipanlage.

3.3   Projektmarketing

Bei allen Handlungen der Projektleitung, sowohl im Innen- wie auch im Außenverhältnis, sollte die einheitliche Verwendung des Projektnamens „Lahntalprojekt 2000" sichergestellt sein.

3.3.1   Innenmarketing

3.3.1.1 Personal-akquisition

Um das zur ordnungsgemäßen Durchführung des Projekts notwendige Personal zu gewinnen, ist eine attraktiv gestaltete Werbung notwendig. Empfohlen werden Informationsaushänge am „Schwarzen Brett" des Geographischen Instituts und darauffolgend eine erste Informationsveranstaltung, die in groben Zügen einen Überblick gibt (Termine: vor Jahreswechsel 1999/2000).

Darauf aufbauend sind die in einer zweiten Veranstaltung (am Ende des Wintersemesters im Februar 2000) die Projektteilnehmer verpflichtend festzustellen; wird nun ein Mangel ersichtlich, muß entsprechend darauf reagiert werden.

3.3.1.2 Personalmotivation

Da vom Personal eine nicht zu unterschätzende Leistung gefordert wird und um möglichst zuverlässige Untersuchungsergebnisse zu erhalten, sollte das Erhebungspersonal im Vorfeld zur Teilnahme motiviert werden. Dies kann durch Vergütungen finanzieller Art (Zahlung eines Stundenlohns) oder studientechnischer Art (Leistungsnachweise) erfolgen.

Die Attraktivität des Projektes kann auch mit Hinweis auf die zu erwartende hohe Außenwirkung gesteigert werden.

3.3.2 Außenmarketing

Die Maßnahmen des Außenmarketing können neben der praxisorientierten Erleichterung der Projektdurchführung und einer Akzeptanzsteigerung in der Bevökerung sowie bei den Verfahrensbeteiligten auch zur Steigerung der Attraktivität und des Ansehens von Geographischem Institut und Universität dienen.

3.3.2.1 Öffentlichkeitsarbeit

Die Größe des Untersuchungsgebietes und die Bedeutung des Untersuchungsgegenstandes lassen ein starkes Interesse der Öffentlichkeit an der geplanten Untersuchung vermuten.

Neben einer Information der Kommunen über die genauen Erhebungsorte und -termine, aus der ideelle, wenn nicht sogar materielle Vorteile erwachsen können, sind die Anrainer zu informieren. Dies kann hinreichend über die Presse geschehen; empfehlenswert ist allerdings bei räumlicher Nähe zum Erhebungsort die direkte Ansprache. Bei entsprechender Schulung des Erhebungspersonals könnte dieses die Aufgabe erledigen.

Weitere Informationsebenen können das Geographische Institut oder die Universität sein.

3.3.2.2 Pressearbeit

Eine regelmäßige Information der lokalen und regionalen Presse erscheint vorteilhaft, da auf diesem Wege ein großer Teil der einheimischen Bevölkerung, die entweder betroffen im Sinne des vorigen Absatzes sind oder potentielle Untersuchungselemente darstellen, effizient informiert werden kann.

4   Die Weiterentwicklung des Tourismus im Lahntal

Ursprünglicher Grund für die Initiative der Tourismus-Verantwortlichen im Lahntal, gezielt Einfluß auf die Weiterentwicklung des Tourismus zu nehmen, war die Erkenntnis, daß nur eine Gestaltung im Sinne der zur Zeit auch in vielen anderen Bereichen angestrebten *Nachhaltigkeit* zu einer positiven Entwicklung führen kann. Das Lahntal als touristische Destination soll nicht irgendwann „abgenutzt" sein und seine Attraktivität sinken. Schließlich sollen durch den Tourismus dauerhaft positive regionalwirtschaftliche Effekte erzielt werden.

4.1   Lahntalprojekt 2000 - ein Baustein im Gesamtkonzept

Um einerseits das Qualitätsniveau touristischer Leistungen zu halten beziehungsweise noch zu verbessern und andererseits die Verträglichkeit mit dem sozialen und ökologischen System vor Ort zu gewährleisten, sind umfangreiche Untersuchungen und daraus abgeleitete Maßnahmen notwendig. Dabei stellt das in dieser Arbeit vorgestellte Lahntalprojekt 2000 einen Anfang dar, um grundlegende Informationen über den Lahntal-Tourismus zu gewinnen.

4.1.1   Zielsetzungen

Die Menge der möglichen Fragestellungen ist sehr groß - es gilt, auch unter dem Diktat der Machbarkeit diejenigen herauszufiltern, die möglichst großen Nutzen für das Gesamtprojekt haben. Diese Kompromisse dürfen jedoch nicht zur Unglaubwürdigkeit der gewonnen Ergebnisse führen, denn gerade von der breiten Akzeptanz auch bei Gegnern der touristischen Nutzung hängt der Erfolg des Projekts ab.

4.1.1.1   Gewinnung von Basisinformationen

Am einfachsten stellt sich sicherlich die Frage nach der Anzahl der Touristen. Wieviele Rad- und Bootwanderer die touristische Wegeinfrastruktrur genutzt haben, sowohl in räumlicher wie auch in zeitlicher Hinsicht, gibt direkte Hinweise auf mögliche Engpässe und Überschneidungen mit anderen Nutzungen.

Indem die Wegenutzer also gezählt werden, lassen sich Daten über den Saisonverlauf, aber auch die

Verteilung während eines Tages ermitteln. Für die Qualitätssicherung können so notwendige Maßnahmen begründet werden; im Bereich der Ökologie können Störpotentiale präzisiert werden - zum Beispiel, ob sich die touristische Nutzung mit Brutgeschäften seltener Vogelarten überschneidet. Zu prüfen wäre auch, inwieweit sich die objektiven Daten mit den Erfahrungen anderer Lahn-Nutzer decken.

4.1.1.2 Speziellere Themenkreise

Mit Hilfe von Interviews sollen Daten über das Verhalten der Besucher gewonnen werden. Natürlich werden hier, im Gegensatz zur Zählung, die Untersuchungsergebnisse von den aus der empirischen Sozialforschung bekannten Problemen beeinflußt. Dennoch stellt die Durchführung der Zählung eine gute Gelegenheit dar, die Untersuchungsobjekte selbst zu befragen. So kann einiges über die Gewohnheiten der Besucher erfahren werden, um Infrastruktur und Marketing besser abzustimmen.

Mit Daten über das Ausgabeverhalten lassen sich im Innenverhältnis Ausbaumaßnahmen begründen, denn die öffentliche Hand möchte als Finanzierer weiter Teile der Infrastruktur positive wirtschaftliche Impulse sehen. Gerade solche Daten sind jedoch schwierig zu bekommen. Interessant ist dann der Vergleich mit repräsentativen Daten aus anderen Destinationen.

Nicht zuletzt kann die Bedeutung des Lahntals für die Naherholung, nicht nur für den Tourismus, durch die Frage nach der Herkunft der Besucher ermittelt werden. Es könnte zum Beispiel der Politik leichter fallen, die Infrastruktur auszubauen, wenn auch die eigenen Wähler davon profitieren.

4.1.1.3 Ökologisch relevante Fragestellungen

Schwierigkeiten bringen ökologische Fragestellungen mit sich (siehe dazu auch Abschnitt 4.1.2). Daher läßt sich im Sinne der verfahrensbeteiligten Naturschutzinstitutionen gar nicht von ökologische Sach-

Lahntalbahn[52]

verhalte betreffenden Fragen sprechen. Neben den quantitativen Werten, die die Nutzungsfrequenz der Wegeinfrastruktur beschreiben, kann zum Beispiel die Frage nach dem Verkehrsmittel, mit dem ange- reist wurde, mögliche Defizite erkennen lassen. Die Bewertung der Frequentierung des Lahntals und der Verschmutzung der Wanderwege kann kaum von Bedeutung für ökologische Sachverhalte sein; zudem ist sie stark subjektiv beeinflußt.

Dagegen bietet sich durch die Befragung eine sehr gute Gelegenheit, den Erfolg der bisher erfolgten Lenkungsmaßnahmen für Bootwanderer zu über- prüfen. Sowohl die Ein- und Ausstiegsstellen als auch die Rastplätze können durch die Besucher be- wertet werden, was Nachbesserungsbedarf deutlich werden lassen kann. Und gerade die viel diskutierte Frage nach der Einweisung über Umweltverhalten und Sicherheit durch die kommerziellen Bootverlei- her kann zu einem eindeutigen, nicht mehr zu be- zweifelnden Ergebnis führen.

4.1.2 Das Projekt zwischen Anspruch und Wirklichkeit

Wie jede Planung, so soll auch diese Diplomarbeit das Lahntalprojekt 2000 bestmöglich vorbereiten. Ausgehend vom Auftrag der Lahntal-Kooperation und deren Beweggründen für die Durchführung, stellte sich jedoch im Laufe des Planungsprozesses heraus, daß mit diesem konkreten Projekt noch nicht alle gewünschten Ergebnisse erzielt und Daten gesammelt werden können.

4.1.2.1 Ursprüngliche Intention

Das Ziel der Lahntal-Kooperation, möglichst um- fassende Daten über die derzeitige Nutzung des Lahntals, spezifiziert nach Nutzergruppen, zeitlich und räumlich, zu gewinnen, stand am Anfang der Überlegungen. Es stellte sich dann heraus, daß dafür sehr umfangreiche Untersuchungen notwendig sein

---

[52] bei Biedenkopf-Buchenau, 22.03.2000

würden, was in einem Schritt unter den gegebenen Voraussetzungen unlösbar erschien.

Der Maximalkatalog an möglichen Fragestellungen, die im Zusammenhang mit der Weiterentwicklung des Lahntal-Tourismus relevant werden könnten, mußte also auf die aus der Sicht der Auftraggeberin wichtigsten, zunächst zu beantwortenden Themen reduziert werden.

4.1.2.2 Umsetzungsschwierigkeiten

Die Aufnahme der zu untersuchenden Fragen in den Fragenkatalog ist nicht zuletzt abhängig von organisatorischen Zwängen, die Machbarkeit der Untersuchung betreffend, was eine große Belastung des Projekts hinsichtlich der Akzeptanz und der Wissenschaftlichkeit bedeutet. Nichtsdestotrotz ist dieses Eingehen auf Kompromisse unabdingbar; aus dem Projekt können gut verwertbare Ergebnisse resultieren, die die weiteren Maßnahmen und noch notwendigen Untersuchungen unterstützen.

Ein Problem besteht in der Beschränkung des Untersuchungsgebietes auf einen aus organisatorischen Gründen durch Verwaltungseinheiten begrenzten Abschnitt des Lahntals, wodurch immerhin je circa $^1/_3$ des Lahnradweges und der Lahn als Bootwanderweg nicht beachtet werden können. Auch aus organisatorischen Gründen ist die Zahl der möglichen Erhebungsorte und -zeitpunkte begrenzt, wobei hier durch die Realisierung des Projektes an der Universität mit kostengünstigem Personal noch relativ viele Erhebungen durchgeführt werden können.

Die Festlegung der Erhebungsorte hingegen auf durch den öffentlichen Personennahverkehr erreichbare Orte stellt kein möglicherweise die Untersuchungsergebnisse verzerrendes Problem dar, da die Haltestellendichte recht hoch ist.

4.1.2.3 Nicht erreichbare Ziele

Zu den in dieser Untersuchung, die ja nur den ersten Teil einer Reihe von weiteren Untersuchungen darstellen soll, fast nicht berücksichtigten Themen gehören die Fragestellungen bezüglich ökologischer Belange. Die resultiert vor allem aus der Beschränkung des zu untersuchenden Personenkreises auf die Gruppe der Rad- und Bootwanderer, die, würde man sie zu ökologischen Sachverhalten wie zum Beispiel der Bewertung von Trittschäden an der Vegetation im Anlegebereich von Booten befragen, kaum eine brauchbare Aussage treffen können, da es sich um Laien handelt. Auch von jeglicher Bewertung beispielsweise der Vorgänge an den Erhebungsorten durch das Erhebungspersonal ist abzusehen, da es sich auch hier nicht um Experten handelt und eine Standardisierung schwierig wäre.

Der gesamte ökologische Themenbereich sollte in einer eigenen, nachfolgenden Untersuchung abgehandelt werden. Ferner wären auch andere Nutzergruppen, im Rahmen der Freizeitnutzung zum Beispiel Angler und Rollschuhfahrer, noch zu untersuchen - dem Wunsch einiger Verfahrensbeteiligter, dies gleichzeitig mit der geplanten Untersuchung durchzuführen, kann aus Gründen der Praktikabilität nicht entsprochen werden. Solchen Bestands- und Nutzungsanalysen anthropogener Faktoren müßten dann Kartierungen von Flora und Fauna folgen.

Graureiher[53]

4.2 Ausblick

Welche Entwicklung wird der Tourismus im Lahntal vollziehen? Zwar können die Auftraggeber des Lahntalprojektes 2000, die Tourismusverantwortlichen, die Entwicklung in ihrem Sinne, und das heißt in einem leitbildgemäß positiven Sinne, beeinflussen. Man kann jedoch nicht davon ausgehen, daß alle Absichten genau wie geplant durchgeführt werden - schließlich ist die touristische Nutzung nur eine von vielen; Interessenkonflikte wer-

---

[53] in der Lahnaue bei Leun-Stockhausen, 23.07.2000

den sich nie ganz vermeiden lassen. Schwierig ist es auch, alle Rahmen-
entwicklungen ausreichend zu berücksichtigen, weil sich diese kaum vor-
hersagen lassen.

4.2.1   Tourismus im Lahntal

Der heutige Schwerpunkt des Tourismus im Lahntal, der natur- und land-
schaftsorientierte Aktiv- und Erholungstourismus, wird weiterhin eine große
Bedeutung haben. Allerdings sind einem unbegrenzten Wachstum der Gästezahlen aus ökonomischen und ökologischen Gründen Grenzen gesetzt.
Es gilt, den sich verstärkenden Trend der Mitteleuropäer zum Aktivurlaub,
bei dem das Thema "Natur" einen immer höheren Stellenwert inne hat, für
die Entwicklung der Region zu nutzen und mittelfristig ein stabiles Niveau
als touristische Destination zu erreichen, wobei andere Angebote wie zum
Beispiel Städte- oder Geschäftsreisetourismus noch ausbaufähig wären.

4.2.1.1   Ökonomische Bedeutung

Die Wirtschaft der Lahntal-Region ist wie auch andere von der allgemeinen wirtschaftlichen Lage abhängig. Diese ist zwar derzeit in schlechter Ver-
fassung, von einer Erholung würde auch das Lahntal
profitieren. Das ändert aber nichts am stetigen Weg-
fall von Arbeitsplätzen im primären und vor allem se-
kundären Sektor, ausgelöst durch Rationalisierung
und Globalisierung.

Um so wichtiger ist es, Alternativen für die regionalwirtschaftliche Entwicklung zu finden. Den Tourismus
sieht der Verfasser als eine noch lange nicht ausge-
reizte Möglichkeit an, Arbeitsplätze und Einnahme-
quellen für die Gebietskörperschaften zu schaffen.
Diese Chance der Wirtschaftsförderung sollte nicht
ungenutzt bleiben: Gerade in der Gastronomie und
Hotellerie werden flexible Arbeitskräfte benötigt, auch
gering qualifizierte oder Nebenjobs bieten sich an.
Tourismus...

Gastronomischer Betrieb[54]

- ... erhöht das Einkommen der Region und
  schafft Arbeitsplätze.

---

[54] Biergarten „Canadier-Willi" in Weinbach-Fürfurt, 16.09.1999

- ... erhöht Steuereinnahmen und wirkt ausgleichen bei regionalen Disparitäten.
- ... verbessert die Lebensqualität der Einheimischen, bereichert die Palette an kulturellen Angeboten und ist ein wichtiger Image- und Standortfaktor für die Region.

Schon jetzt werden alleine im Verbandsgebiet der Freizeitregion Lahn-Dill 194 Millionen DM Nettoumsatz durch den Tourismus erzielt, was einer Wertschöpfung von 97 Millionen DM entspricht; die Zahl der Beschäftigten wird auf 2.600 Personen beziffert[55].

4.2.1.2 Nutzungskonflikte und Ökologie

Die Lösung der Nutzungskonflikte und die Harmonisierung des touristischen mit dem ökologischen System werden in Zukunft bei allen Entscheidungen der Tourismusverantwortlichen eine große Rolle spielen müssen. Die Chancen für einen für alle Seiten zufriedenstellenden Interessenausgleich können hoch eingeschätzt werden; wobei alle Beteiligten Sachlichkeit und Kompromißbereitschaft einbringen sollten. Gerade der Umstand, daß wichtige Entscheidungen von nur wenigen Personen getroffen oder blockiert werden, die emotional beeinflußt sind, ist oft der Grund für die Verzögerung positiver Maßnahmen.

4.2.2 Rahmenentwicklungen und -bedingungen

Das gesamte System der bisher vorgestellten Fragestellungen ist natürlich auch abhängig von äußeren Faktoren. Trends im Tourismus und in der Freizeitgestaltung können neue Vorgaben für die Lösung der anstehenden Probleme erzeugen. Möglich sind sogar völlig neue Konfliktfelder.

4.2.2.1 Touristische Trends

Das Freizeit- und Erholungsbedürfnis der Mitteleuropäer, die den größten Teil der Touristen im Lahntal stellen, wird in Zukunft weiter steigen. Dabei er-

---

[55] Zahlen für das Jahr 2000, Quelle: Freizeitregion Lahn-Dill 2000

höht sich auch die zur Verfügung stehende Zeit. Gleichzeitig werden die Menschen mobiler und unstetiger - ideale Voraussetzungen für eine auf Kurzzeiturlaube spezialisierte und mit Aktivangeboten ausgestattete Destination. Dabei steht das Lahntal in hartem Wettbewerb zu anderen Regionen - die Zahl der landschaftsbezogenen touristischen Destinationen wird sich verringern, ein Konzentrations- und Konsolidierungsprozeß einsetzen. Die Qualität der angebotenen Infrastruktur und ein professionelles, streng zielgerichtetes Marketing werden unabdingbar, da sich Transparenz und Vergleichbarkeit der Regionen untereinander stetig erhöhen und der Kunde immer leichter Informationen gewinnen kann, wobei er seine Entscheidungen zunehmend unabhängiger und souverän trifft.

4.2.2.2 Tourismus-strukturen

Am Markt wird sich dauerhaft nur behaupten können, wer professionell und durchdacht agiert. Der bereits erfolgte Zusammenschluß der Tourismusverbände und größten Städte im Lahntal zur Lahntal-Kooperation über Landkreis- und Bundesländergrenzen hinweg ist derzeit noch beispielhaft in Deutschland. Es zeichnet sich aber bereits ab, daß die erforderlichen Maßnahmen die Leistungsfähigkeit der bestehenden Organisation übersteigen werden. Zur Koordinierung von Infrastrukturmaßnahmen und Verfolgung eines einheitlichen Marketings scheint die Gründung einer lahntalweiten, rein destinationsorientierten Institution unausweichlich.

Im Vordergrund jeglicher Maßnahmen darf nur eine Person stehen: der Kunde. Dieses Diktat könnte noch zu zahlreichen Problemen führen, auf die hier nicht weiter eingegangen werden soll. Die im Zuge des Lahntalprojektes 2000 gewonnenen Daten sollten aber den eingeschlagenen Kurs unterstützen helfen und geeignete Argumentationsgrundlagen liefern können.

4.2.2.3 Neue Konfliktfelder

Rollschuhfahrer

Im Zuge des vorgestellten Planungen wurden Rad- und Bootwanderer berücksichtigt. Während des Planungsprozesses ließ sich jedoch erkennen, daß weitere Konfliktfelder im Entstehen begriffen sind. Die rasante Zunahme an Rollschuhbegeisterten in der Bevölkerung verlangt nach einer ausreichenden Wegeinfrastruktur. Dies ist zur Zeit bei weitem nicht der Fall. Während Konflikte zwischen Radfahrern und Rollschuhfahrern bereits auftreten, werden dahingehende Bedürfnisse in den Planung so gut wie gar nicht berücksichtigt. Eine nähere Untersuchung dieses Sachverhalts drängt sich also auf.

Mittlerweile steigt auch der Unmut der ortsansässigen Bevölkerung über die zunehmenden touristischen Nutzungen „ihrer" Infrastruktur, auch wenn sie sie in keinster Weise nutzen. Oftmals liegen dem stark subjektive und emotionale Empfindungen zugrunde, weswegen der Umstand aber nicht ignoriert werden darf. Übrigens scheint es dabei große Unterschiede zwischen den Destinationen zu geben, was sich vielleicht aus der abweichenden historischen Verwurzelung des Tourismus ergibt.

Auch hier wird wiederum deutlich, wie wertvoll objektive Daten sein können, die allgemein als Verhandlungsgrundlage akzeptiert werden und die oftmals vorschnelle Bewertung „zu viel" oder „zu wenig" entkräften können.

5   Anhang

5.1   Literaturverzeichnis

ADFC (1998): Handreichung zur Förderung des Fahrradtourismus. Bremen.

ADFC (1999): Radreiseanalyse 1999. Bremen.

B.A.T. Freizeit-Forschungsinstitut GmbH (2000): Freizeit aktuell Ausgabe 152. Hamburg.

Bahrenberg/Giese/Nipper (1990): Statistische Methoden in der Geographie. Stuttgart.

Baudler, Bernd (1999): WasserWege zum Sanften Tourismus. Nürnberg.

Bayerische Akademie für Naturschutz und Landschaftspflege (1999): Outdoorsport und Naturschutz. Laufen.

Benthien, Bruno (1997): Geographie der Erholung und des Tourismus. Gotha.

Blank, Lutz (1997): Kanutourismus auf der Lahn. Marburg.

Bleile, Dr. Georg (Hrsg.) (1999): Tourismus Jahrbuch. Worms.

Bundesministerium für Wirtschaft und Technologie (2000): Tourismus in Deutschland. Bonn.

Bundesregierung (1999): Tourismuspolitischer Bericht der Bundesregierung.

Clüsserath, Barbara: Freizeit- und Tourismuspotential von Natursportarten. Trier.

Deutscher Naturschutzring (1996): Leitbilder eines natur- und landschaftsverträglichen Sports. Bonn.

Deutscher Tourismusverband e. V. (1999): Jahresbericht 1999. Bonn.

Fachhochschule Flensburg (1999): Trendanalyse zur Entwicklung der Wassersportaktivitäten in der Bundesrepublik Deutschland. Flensburg.

Forschungsgemeinschaft Urlaub und Reisen e. V. (2000): Reiseanalyse. Hamburg.

Freizeitregion Lahn-Dill (2000): Wirtschaftliche Bedeutung des Tourismus in der Freizeitregion Lahn-Dill. Wetzlar.

Freyer, Walter (1993): Einführung in die Fremdenverkehrsökonomie. München.

Girsig, Achim (1993): Sanfter Tourismus an und auf der Lahn. Gießen.

Hessische Kanuschule u. a. (1995): Fließgewässer und Freizeitsport. Neu-Isenburg.

Hessisches Statistisches Landesamt (1999): Gäste und Übernachtungen im Fremdenverkehr in Hessen im Jahr 1999. Wiesbaden.

Kern, Alexandra (2001): Profil und Profilierung deutscher Urlaubsregionen. Trier.

Lahntal-Kooperation (2000): Die Lahntal-Kooperation - Struktur und Inhalte. Wetzlar.

Lahntal-Kooperation (1999): Infrastrukturmaßnahmen Lahn. Wetzlar.

Litke, Hans-Dieter (1995): Projektmanagement. München.

Opaschowski, Horst W. (1985): Freizeit und Umwelt - Der Konflikt zwischen Frei-
         zeitverhalten und Umweltbelastung. Hamburg.

Opaschowski, Horst W. (1992): Freizeit 2001. Hamburg.

Platz/Schmelzer (1986): Projektmanagement in der industriellen Forschung und
         Entwicklung. Berlin.

Reichholf, Josef H. (1998): Kanuwandersport und Naturschutz. München.

Schulze/Uhlig (1982): Gießener Geographischer Exkursionsführer. Gießen.

Seifert, Volker und Höher, Matthias (2000): Untersuchungen zum Boots- und Rad-
         tourismus an der Lahn. Gießen.

Stenger, Mario (1998): Repräsentativerhebungen im Tourismus. Trier.

Wilken, T. und Winkelmann, C. (1998): Sportaktivitäten in Natur und Landschaft.
         Bremen.

Zweckverband Naturpark Hochtaunus (1999): Ergebnisse einer Besucherumfrage
         auf der Lahn. Usingen.

5.2   Abkürzungsverzeichnis

Die meisten Abkürzungen stellen Institutionen dar; der Vollständigkeit halber
werden in solchen Fällen die Anschriften ebenfalls aufgeführt. Die Abkürzungen sind in alphabetischer Reihenfolge aufgelistet.

5.2.1   Institutionen

5.2.1.1 Ämter und Behörden

- GI
  Landkreis Gießen
  Ostanlage 29-45, 35390 Gießen
- LDK
  Lahn-Dill-Kreis
  Karl-Kellner-Ring 51, 35576 Wetzlar
- LM
  Landkreis Limburg-Weilburg
  Schiede 43, 65549 Limburg
- MRB
  Landkreis Marburg-Biedenkopf
  Im Lichtenholz 60, 35043 Marburg
- ONB
  Obere Naturschutzbehörde, siehe RP
- OWB

Obere Wasserbehörde, siehe RP
- RP
  Regierungspräsidium Gießen
  Landgraf-Philipp-Platz 3, 35390 Gießen
- UNBs
  Untere Naturschutzbehörden, siehe GI, LDK, GI oder MRB
- UWBs
  Untere Wasserbehörden, siehe GI, LDK, GI oder MRB
- WSA
  Wasser- und Schiffahrtsamt Koblenz
  Außenbezirk Wetzlar
  Uferstraße 8a, 35576 Wetzlar
- WSP
  Wasserschutzpolizeiposten Wetzlar
  Frankfurter Straße 61, 35578 Wetzlar

5.2.1.2   Verbände

- ADFC
  Allgemeiner Deutscher Fahrrad Club e. V.
  Postfach 10 77 47, 28077 Bremen
- BKT
  Bundesvereinigung Kanutouristik
  Lahntalstraße 45, 35096 Weimar-Roth
- BUND
  Bund für Umwelt- und Naturschutz
  Landesverband Hessen e. V.
  Triftstraße 47, 60528 Frankfurt
- BVNH
  Botanische Vereinigung für
  Naturschutz in Hessen e. V.
  Wittelsberger Straße 8a, 35043 Marburg
- DGWV
  Deutsche Gebirgs- und Wandervereine
  Landesverband Hessen e. V.
  Postfach 1239, 64819 Groß-Umstadt
- FRLD
  Freizeitregion Lahn-Dill e. V.
  Karl-Kellner-Ring 51, 35576 Wetzlar
- HGON
  Hessische Gesellschaft für
  Ornithologie und Naturschutz e. V.
  Lindenstraße 5, 61209 Echzell
- HKV
  Hessischer Kanuverband e. V.
  c/o Helmut Befort, Neustadt 40, 35576 Wetzlar
- IG Lahn
  Interessengemeinschaft Lahn

c/o Helmut Ploch, Amselweg 2, 35764 Sinn
- LaKo
  Lahntal-Kooperation
  c/o Freizeitregion Lahn-Dill e. V.
  Karl-Kellner-Ring 51, 35576 Wetzlar
- LJV
  Landesjagdverband Hessen e. V.
  Postfach 1605, 61216 Bad Nauheim
- NABU
  Naturschutzbund Deutschland
  Landesverband Hessen e. V.
  Garbenheimer Straße 32, 35578 Wetzlar
- NP HT
  Zweckverband Naturpark Hochtaunus
  Pestalozzistraße 2, 61250 Usingen
- SDW
  Schutzgemeinschaft Deutscher Wald
  Landesverband Hessen e. V.
  Adelheidstraße 33, 65185 Wiesbaden
- TV MRB
  Fremdenverkehrsverband
  Marburg-Biedenkopf e. V.
  Im Lichtenholz 60, 35043 Marburg
- VHS
  Verband Hessischer Sportfischer e. V.
  Rheinstraße 36, 65185 Wiesbaden
- WLT
  Ferienland Westerwald-Lahn-Taunus e. V.
  Schiede 43, 65549 Limburg

5.2.2   Sonstige Abkürzungen

BMWI - Bundesministerium für Wirtschaft und Technologie

DTV - Deutscher Tourismus Verband e. V.

HLVermA - Hessisches Landesvermessungsamt

LSG - Landschaftsschutzgebiet

MESZ - Mitteleuropäische Sommerzeit

ÖPNV - Öffentlicher Personennahverkehr

SLA - Statistisches Landesamt

5.3   Eigene Erhebungen

5.3.1   Expertengespräche

Girsig 1999: Gespräch mit Achim Girsig, Koordinator der Lahntal-

Kooperation, im Dezember 1999

Kruse 2000: Gespräch mit Ralf Kruse, Vorsitzender der Bundesvereinigung Kanu-Touristik, im Februar 2000

Spehr 2000: Gespräch mit Roland Spehr, Leiter des Wasser- und Schiffahrtsamtes Wetzlar, im Februar 2000

5.3.2 Bereisungen

16. September 1999: Lahn und Lahnradweg zwischen Löhnberg und Weinbach-Fürfurt mit dem Fahrrad

21. bis 23. März 2000: Lahntal zwischen Biedenkopf-Wallau und Limburg

11. April 2000: Lahntal zwischen Solms-Oberbiel und Leun

23. Juli 2000: Ufer- und Auenbereisung bei Leun-Biskirchen

I

Nachbetrachtung

Die Zusammenstellung der zuvor vorgestellten Erkenntnisse durch den Autor zu einer Diplomarbeit verzögerte sich unvorhergesehenerweise, weswegen die Durchführung des geplanten Lahntalprojektes 2000 die Fertigstellung der Arbeit überholte. Die Gelegenheit, die sich auf diese Weise bietet, nämlich die Gegenüberstellung von Planung und tatsächlich erfolgter Realisierung, soll nicht ungenutzt bleiben, wobei auf die konkrete Nennung einzelner Ergebnisse verzichtet wird; diese sind an anderer Stelle nachzulesen[56].

Zahlreiche Einzelheiten sollten mittels der umfangreichen Planung berücksichtigt, Handlungsabläufe vordefiniert und Eventualitäten sowie Unklarheiten beseitigt werden. Dies ist, im Nachhinein gesehen, weitgehend gelungen. Bereits im Vorfeld der Planung war ja auf die Praktikabilität vieler Maßnahmen und Sinnhaftigkeit von Fragestellungen eingegangen worden. Dennoch kam es auch zu Schwierigkeiten.

Betreffend die Repräsentativität der Daten und der damit verbundenen Zuverlässigkeit von Hochrechnungen ist keine endgültige Klarheit erlangt worden. Es stellt sich die Frage, ob aus Zählungen an den wenigen Erhebungstagen die Gesamtzahl der Rad- und Bootwanderer für eine Saison ermittelt werden kann. Ergibt eine solche Gesamtzahl überhaupt Sinn? Viel bedeutsamer erscheint doch die momentane Nutzung (ein Vertreter ökologischer Interessen würde von „Belastung" sprechen) beispielsweise eines bestimmten Flußabschnittes. Um darüber Aufschluß zu erlangen, wären jedoch weitaus größere Anstrengungen notwendig. Allerdings hat sich gezeigt, daß der Hang zu großen Zahlen menschlich und daher auch bei einigen Beteiligten so stark war, daß von einer Verwendung solcher Gesamtzahlen *nicht* abgesehen wurde.

Probleme rein organisatorischen Ursprungs kamen auch vor, angefangen von verspätet aufgenommenen Zählungen aufgrund unzureichender Verbindungen im öffentlichen Personennahverkehr über Schwierigkeiten mit einigen Erhebungsstandorten (obwohl diese ja eigentlich vom Verfasser auf Tauglichkeit getestet und festgelegt wurden) bis hin zu Personalausfällen. Daraus läßt sich ableiten, daß der Personalpool nicht zu knapp bemessen sein sollte und Ausweichtermine festgelegt werden sollten. Letzteres sollte auch bezüglich der Wetterproblematik gelten, wobei es natürlich nicht darum ging, möglichst viele Rad- und Bootwanderer zu erfassen, also nur an Sonnentagen zu erheben[57], sondern eine repräsentative Zahl zu ermitteln. Durch das mit der Auswertung beauftragte Geographische Institut konnte eine befriedigende Lösung gefunden werden, indem mit Hilfe der Wetterdaten auf die Grundgesamtheit geschlossen wurde.

Ein Handicap vieler Befragungen ist der Fragebogen. Der Notwendigkeit, möglichst wenig Fragen zu stellen, um den Interviewten nicht zu strapazieren, steht der Wunsch gegenüber, möglichst viele Themen zu erfassen. Der Verfasser versuchte natürlich auch, diesen Gegensatz unter anderem durch möglichst geschickte Formulierungen zu entschärfen - nach Meinung einiger Interviewer wiederum wurde der Fragebogen dadurch zu komplex. Die Schulung des Erhebungspersonals könnte nicht ausreichend gewesen sein, die Anzahl der Fragen war wohl auch absolut zu hoch; in jedem Fall führten diese Umstände zu einigen nicht auswertbaren Fragebögen. Insgesamt erscheint die Zahl der geführten Interviews angesichts der zur

---

[56] Seifert/Höher 2000

[57] Dies trifft auch auf einige Erhebungsorte zu: Aus dem verschwindend geringen Aufkommen an Rad- und Bootwanderern an einigen Standorten beziehungsweise an Regentagen schlossen einige Beteiligte auf einen Mißerfolg der Untersuchung.

Verfügung stehenden Erhebungszeit auch recht niedrig.

Verbesserungswürdig ist nach den gewonnenen Erfahrungen das Projektmanagement in Verbindung mit einem konsequent durchgeführten *Monitoring*. Mit Hilfe des Monitorings könnten akute, in der Realisierungsphase des Projekts auftretende Schwierigkeiten gemeistert und Gefahren für den Gesamterfolg abgewendet werden. Bei Abweichungen wären so rechtzeitig Kurskorrekturen möglich.

Bei allen Widrigkeiten wurden dennoch viele Ziele erreicht. Zahlreiche Daten konnten gesammelt werden, mit denen sich die Weiterentwicklung des Lahntal-Tourismus begründen und nachhaltig ausgestalten läßt. Erste Auswertungen ergaben sogar Überraschungen: Einerseits wurden Erwartungen bestätigt, andererseits Expertenmeinungen objektiv *widerlegt*. Das Interesse vieler mit Tourismus beschäftigter Institutionen konnte geweckt, die Politik neu für das Thema sensibilisiert werden.

Es bleibt, die notwendigen weiteren Untersuchungen durchzuführen - der Weg hin zu einem integrierten Tourismuskonzept, daß soziale und ökonomische Belange ausreichend berücksichtigt, ist noch weit. Der Verfasser sieht seine Planungen aber insgesamt bestätigt und ist der Meinung, daß das Lahntalprojekt 2000 als Erfolg gewertet werden kann und einen positiven Beitrag zu einer nachhaltigen Weiterentwicklung des Tourismus im Lahntal geleistet hat.

Student beim Interview[58]

---

[58] Schleuse in Villmar, 01.06.2000

Diplom-Geograph Michael Volkwein

Berufliche Tätigkeiten

- seit 2001 selbstständiger Tourismus- und Kommunalberater mit dem Beratungsbüro tourismusberatung.net
- 1992-1994 Deutsche Bundesbank

Mitgliedschaften

- Deutscher Verband für Angewandte Geographie e. V.
- Arbeitgebervereinigung AGEV e. V.
- Gießener Geographische Gesellschaft e. V.
- Verein Region GießenerLand e. V.
- Verein Region Lahn-Dill-Wetzlar e. V.
- Greifenstein-Verein e. V. (Vorstand)
- Förderverein Besucher-Bergwerk Fortuna e. V.
- Heimatkundlicher Arbeitskreis Biskirchen e. V.
- Verein Menschen für Kinder e. V.
- Deutsches Jugendherbergswerk e. V.

Qualifikationen

- Prüfer des Deutschen Tourismusverbandes e. V. für Tourist-Informationen (i-Marke)
- Prüfer und Trainer des Deutschen Tourismusverbandes e. V. für die Klassifizierung von Privatvermietern
- Auditor im Verfahren Qualitätsmanagement für Kinder- und Jugendreisen (QMJ) - Unterkünfte
- Prüfer des Deutschen Wanderverbandes e. V. für Unterkünfte "Wanderbares Deutschland"

- 1994–2002 Studium der Geographie, Fachrichtung Angewandte Geographie, mit den Nebenfächern Neuere Geschichte und Politikwissenschaften an der Justus-Liebig-Universität Gießen